后浪出版公司

世界经济入门

AN INTRODUCTION
TO INTERNATIONAL
ECONOMICS

［日］西川润 —— 著　王广涛 —— 译

江西人民出版社
Jiangxi People's Publishing House
全国百佳出版社

前　言

　　本书原名《世界经济入门》，第一版出版于1988年，1991年和2004年又分别出版了第二版和第三版。本书得到了广大读者的厚爱，并被一些高中和大学列为国际经济学或政治经济学的首选读物。笔者曾在第一版的前言中提出，探索对国民而言的真正富足，需要从全球性视野思考，并在区域性层面行动。本书多次重印和再版，说明这个观点得到了广大读者的认同，并且直到今天仍然有助于我们思考日本在世界所处的地位。

　　第三版对第二版中未能涉及的全球化发展及市民社会的兴起做了详细论述。首先对于全球化的问题，本书并未仅从经济的角度来介绍，而是在第一版和第二版的基础之上，采用新的视角，指出人权和环境等价值观的全球化与经济全球化同步发展，二者时而对立、时而相关，共同塑造了今日世界的新秩序。

　　其次是关于市民社会的兴起。过去的国际经济教科书一般只将国家和企业看作世界经济的参与者（能动因素），但20世纪90年代以来，国际社会越来越关注以独立个人为基础的市民社会的作用，市民社会成为纠正全球化导致的"政府失灵"和"市场失灵"的重要参与者。第三版关注和分析了市民社会作为第三种经济参与者对于纠正经济全球化带来的各种不均衡所起到的作用。

如今，第三版出版以后又过了十几年，世界经济秩序进入21世纪以后出现了以下两点最主要的变化。第一，2006—2009年期间，世界经济发生了一次严重危机，这是20世纪80年代以后新自由主义盛行导致跨国公司和货币经济泛滥造成的。危机由美国金融机构的次贷危机开始，雷曼兄弟公司等大型金融投资机构相继破产，为企图依靠过剩流动性寻求增长的世界经济泼了一盆冷水。危机之后，一些国家为了重振市场经济所采取的财政金融政策导致政府债务激增，又使主权债务危机浮出水面。这种情况给各南欧国家人们的生活带来了直接影响。2013年秋，资本主义世界体系的大本营美国也出现了债务危机，事态发展甚至导致政府机构一度关门。也就是说，进入21世纪之后的十几年内，之前就存在的"市场失灵"和"政府失灵"被进一步放大。

第二个变化体现在南北问题方面。石油危机之后，世界工业中心向南方转移，金砖国家（BRICS，巴西、俄罗斯、印度、中国和南非）等新兴经济体在全球经济中所占的比例有了飞跃性提高。南北之间的力量对比发生了变化，从美苏两极到G7，再到G20，这一点也体现为世界经济治理模式的变化。

20世纪后半叶也是南北问题的时代。经历了两次世界大战之后，一直为发达国家提供廉价资源的南方国家开始觉醒，它们首先实现了政治上的独立，接下来便着手否定南北之间的旧国际分工体系。南北问题的根源在于一直受发达国家压制、被边缘化的人们开始质疑其所受到的统治。这半个世纪里，南方国家在全球化进程中获得工业化发展，南北关系发生了变化，同时北方富裕国家的内部也出现了贫富分化现象，即一小部分拥有特权的富裕阶层与大多数平民阶层的对立。这种对立表现为"1%与99%"的问题（序章），也表现为日本福岛核电站泄漏事故和冲绳县普天间美国军事基地搬迁等问题所体现的，国内中心地区与周边地区的贫富差距、利害冲突、前者对后者的怀柔和同化以及后者在这种情况下仍然追求独立和自尊的顽强意志和相关运动。表面上看，南北问题在全球各类问题中已经变得不那么明显，但实际上它却正在变为随时都会在世界任何地方发生的问题。

作为一本全新的世界经济入门书籍，本书将上述两个变化纳入视野，在此基础上探讨如何看待21世纪前10年的世界经济，以及如何思考今后十几年将会出现的变化。

本书继续沿用第三版的基本结构。包括：第I部分 全球化背景下的世界经济，从贸易、投资、货币等方面探讨全球化如何推动了世界经济的发展；第II部分 世界经济的基础，详细分析了人口、粮食、能源、环境等各基本要素的变化；第III部分世界经济的十字路口，考察在前面各要素基础上推动世界经济发展的各种动态因素。在章节安排方面，本书增加序章，总结了21世纪前10年里发生的重要变化，并将前三版最后一章"日本的选择"的内容归入结语当中。本书的写作初衷仍然是分析世界经济，阐明日本所处地位，相关数据在这一版中均更新为21世纪前10年的最新数据。

尤其值得一提的是，最近十几年间，日本和世界都出现了不同的发展路线，本书将这些路线之间的对立也纳入视野，探讨日本在后经济增长时期与世界同步前进所必需的条件。正如2001年"9·11"恐怖袭击给美国人的世界观带来了巨大冲击，2011年"3·11"日本大地震导致的福岛核电站泄漏事故也加速了世界的变化，使持续了几十年的自上而下式发展体系受到重挫。日本面临着互相对立的两条路线：一条是既得利益的受益者们所极力推崇的，幻想日本可以通过改变和重建原有的政官财体制①重现经济增长；另一条路线认为日本可以通过市民合作，实现后经济增长时期的软着陆，保持可持续稳定发展，使经济社会向更加重视生活质量的方向发展。

作为今后的道路，日本必须从改变生活方式开始，放弃过去那种超出本国资源承受能力的生活。此外，为了纠正货币经济大潮中的"市场失灵"，日本必须改变自上而下的国家监管体制，开拓出一条自下而上的社会监管之路，沿着这个方向推进结构改革。这种改革只有通过市民社会的参与和公共空间的扩大（第10章）才能实现。人们往往容易出于对全球化的恐惧而走向民族主义的道路，很多国家在这一点上并无二致。但是这条道路的前方笼罩着军事经济扩张和核战争的阴影。世界上还存在另一种趋势，即追求对话、合作及和平。为了走上这后一条道路，日本首先必须反思自己，改变物质至上的价值观，以人为本，作为"地球公民"在全球主义的大潮中生活下去。对进入后经济增长时代的日本来说，这才是最现实的选择。同时，这也是日本迎接世界新秩序，为这个人口持续减少的国家注入新活力的唯一出路。

笔者认为，世界经济的全球化发展与日本经济本身的变化密不可分，要在全球化时代生存下去必须做出正确的选择，这也是本书的最大特点。在当今的全球化时代，我们首先需要从改变身边的生活开始，迈出改变世界的第一步，这也将帮助我们实现真正适合自己的富足生活。希望本书能为即将踏出这一步的读者提供有益的帮助。

岩波书店新书编辑部的坂本纯子女士在本书编辑过程中提出了很多宝贵建议，在此表示感谢。

西川润

---

① 指日本的政府机构、官僚体系和财界勾结在一起形成的利益集团。——编者注

目 录

第 II 部分

世界经济的基础

第III部分

世界经济的十字路口

序　章

世界经济的双重危机——金融危机和主权债务危机

这两大危机并不是21世纪突然发生的，而是在从20世纪下半叶持续至今的资本主义经济体系中，资本积蓄及经济高速增长的方式出现了危机。

全球化发展与金融危机

进入21世纪以后，世界经济呈现出动荡状态。

这一时期发生了两个重大变化，一个是始于美国的金融危机，另一个是其后发生的主权债务危机。前者与资本主义经济的"市场失灵"有关，后者则与推动近代发展的民族国家体系的"政府失灵"相关。二者都宣告着近现代世界在西欧霸权形成之后进入了转型期。当然，这两大危机并不是21世纪突然发生的，而是在从20世纪下半叶持续至今的资本主义经济体系中，资本积蓄及经济高速增长的方式出现了危机。

关键词　**市场失灵**（market failures）

根据促进资本主义经济体系发展的新古典经济学理论，个体在市场经济中追求各自的利益，其结果将会实现最佳的价格均衡和资源配置。但作为前提条件的完全竞争市场（多个卖方和买方按照同等条件参与市场，由其相互之间的供需关系决定价格）只是一种假设，实际上会发生一些市场原理所无法解释的现象，例如利用垄断或者信息不对称（信息的提供方和接收方由于立场不同，可能通过操纵信息影响对方行为）单方面制定或者抬高价格、环境污染、缺乏无法依据利润原理提供的公共资本等，这就是"市场失灵"。某些企业或基金为了投机而操纵或非法运用巨额资本，其结果就是引发金融危机，使一些国家的货币价值或实体经济蒙受损失。

(关键词)　**政府失灵**（governmental failures）

应对市场失灵需要政府的干预。政府通过税收将企业和公民上缴的税金用于社会福利、国防、教育、科研、无法按照市场（利润）原理供给的公共资本、环境保护及消费者保护等领域。这样可以防止国民内部产生贫富差距和分裂，增强国民与国家的一体感。然而，政府也有可能与特定势力相互勾结，或者成为既得利益阶层的代言人，损害大多数国民的利益。此外，大权在握的统治者也有可能会采取独断专行的政策，或者为了维持其权力而极力迎合大众，使国家面临更严峻的困境。当前，很多发达"民主"国家陷入债务危机，也是由于政府忘记了自我监管和社会责任而大肆增加财政支出造成的。这是"道德风险"（moral hazard）的一个体现。

第二次世界大战以后，在战后生育高峰、旺盛的消费需求、重化工业和电子工业领域的技术革新等因素的共同作用下，20世纪50至60年代成为资本主义世界的黄金时代。这个时代的特征包括经济高速增长、中产阶级的大量诞生①以及

---

① 随着战后民主化发展，受惠于生产力提高，劳动者阶层工资和奖金均普遍得到提高。

家庭耐用消费品的普及。

但在20世纪70年代，电子信息领域的技术革新开始不久，以第二次世界大战为契机在政治上实现了民族独立的南方国家又迈出了新的一步，开始争取在经济上确立自己的资源主权。这样，长期以来发达国家所依赖的国际分工体系（北方发达国家负责发展工业，南方的发展中国家负责提供原油、煤炭及天然气等）开始崩溃。在南方国家利用本国资源积极发展工业的同时，发达国家的经济则逐渐开始向服务业等第三产业转型。

发达国家的大型企业引领本国实现了高速增长之后，首先于20世纪60至70年代从美国走向欧洲，随后欧美及日本的企业又从20世纪70至80年代开始将工厂迁到亚洲。企业在全球范围内开展的跨国活动越来越多，被称为"全球化"的现象由此开始。

全球化不仅指企业向海外转移，同时也是美国的大型企业（大多数于20世纪70至80年代与欧洲大型企业进行了资本融合）在欧洲、日本，乃至亚洲、南方国家的追赶下，利用美国政府提供的大量美元，将业务扩展到海外的过程。也就是说，除了欧美大型企业在世界范围内进行业务扩张之外，全球化还伴随着经济金融化和货币经济化的过程，即在海外使用美国通过企业融资、战争及对外援助等形式向全世界分发的美元。

20世纪80年代后半期以后，发达国家经济发展趋于成熟，在日本及亚洲国家的追赶之下，发达国家的经济增长速度减缓已成定局。在这一时期，除了通过金融和财政政策手段人为推动以外，发达国家已经很难实现5%～6%的中速增长。然而，这种人为促进增长的政策不可避免地会导致经济产生泡沫（在没有实际需求的情况下，增加流动性资金的供给，导致购买土地或股票等投机行为泛滥，最后疯狂上涨的地价或股价在某一天突然暴跌）。

日本泡沫经济在1991年崩溃。20世纪90年代，美国经济呈现出持续繁荣的景象，被称为"高原景气"①。受其鼓舞，甚至有学者将这一时期叫作"历史的终结"，认为资本主义经济呈周期性增长和衰退的历史将会就此终结。然而，"高原景气"并没有持续太久。

不久，进入21世纪之后，发达国家的经济开始了一段充满困难和艰辛的历史。

IT泡沫破灭之后

2001年，在IT（Information Technology，信息技术）泡沫基础上出现的"高原景气"宣告终结。这一时期，伴随着被称为"IT革命"的互联网高速发展，对信息通信企业的投资达到了狂热的高潮，众多被称为".com公司"的IT创业企业如雨后春笋般出现在美国西海岸地区。这些公司的股价在1999年之后以惊人速度不断上涨，泡沫最终在2001年破灭，导致大量互联网公司破产。

IT泡沫的破灭有以下几个原因。

第一，美国联邦储备委员会（FRB，美国央行）为应对经济过热采取了金融紧缩、提高利率的政策，导致IT创业公司在融资方面遇到困难。

第二，由于担心IT领域投资过剩，投资者转而抛售股票，泡沫必定会产生回跌。

第三，同一时期，2001—2002年，安然公司（Enron Corporation，营业

---

① 日本将经济维持高水平的持续繁荣称为"高原景气"，指经济增长趋势不会放缓，也不会突然加速的状态。——译者注

额高居全美国第七位的能源及IT企业）、世界通信公司（WorldCom，电信业务巨头）相继破产。这些大型公司被爆出丑闻，他们通过虚假记账伪造公司业绩优良的假象，以此推动股价上升，公司高层在赢得巨额收益之后又将股票抛出。日本在2006年也发生了活力门公司（Livedoor）因财务欺诈被媒体曝光的事件，该公司被取消上市资格。

安然公司和世界通讯公司等大型相关企业因IT泡沫破灭而破产，揭示了美国资本主义所陷入的困境。也就是说，大多数人接受资本主义经济的最根本原因是因为它能够积累资本、增加生产，使人们的消费生活更加丰富。然而现在货币资本主义却得以横行，它不为经济体系的主流贡献力量，而是为了尽可能多地吸收闲散资金，通过会计欺诈和财务造假恶意提高股价，一小部分股东和经营者从中获得巨大收益，而众多股民却因为之后的股价暴跌而蒙受惨重损失。虽然也可以说是一些大股东钻了法律空子，利用"利润吸引投资、投资产生利润"的资本主义经济循环为自己谋取私利，但实际上IT泡沫的破灭也预告了其后将要到来的大范围金融危机和主权债务危机。

21世纪的前10年里，发生了两次从美国影响到世界经济的金融和债务危机。

第一次是2006—2007年发生的次贷危机。次级贷款与优级贷款相对，指发放给那些还贷能力和信用指数较低的贷款者的贷款。2004—2006年期间，美国金融机构发放的住房贷款中的不良债权越积越多，多家金融机构因此倒闭。这是因为，在IT泡沫破灭后的经济低迷时期，美国政府和FRB采取的宽松货币政策导致大量资金闲置（流动性过剩），商业银行竞相开发与房屋相关的融资产品，向可能并不具备还贷能力的购房者大量提供贷款。

资金闲置⇒竞相放贷⇒房地产泡沫⇒多重债务⇒泡沫破灭⇒资产价格暴跌

这个过程能够看出金融机构将会遭受打击，美国五大投资证券公司在此之后相继受到重挫，2008年著名证券公司雷曼兄弟（Lehman Brothers）破产，其后贝尔斯登（Bear Stearns）和美林（Merrill Lynch）两大证券公司被收购，高盛（Goldman Sachs）和摩根士丹利（Morgan Stanley）转为银行控股公司（为了更便于接受FRB监管而获得救助）。

证券投资银行的破产给持有其金融产品（次级贷款等）的银行体系带来了巨大影响，2009—2011年期间，美国平均每年有多达130家银行倒闭。[①]金融机构的破产和随之而来的市场贷款供给收缩也给实体经济带来影响。2009年4月到6月期间，汽车行业巨头克莱斯勒公司（Chrysler）和通用汽车公司（General Motors）依据《联邦破产法》申请破产保护，标志着金融领域的恐慌给经济带来了危机。美国的金融恐慌立即扩散到了欧盟（EU）、亚洲等地区与其经济联系密切的国家。全世界同时迎来了股价暴跌、美元贬值（日元升值）、出口受挫等萧条景象。2008—2009年期间，美国、欧盟、日本等多个国家和地区出现了负增长。

政府干预与主权债务危机

第二次危机是由于各国政府为了应对金融危机所采取的金融和财政政策导致

---

① 储蓄保险机构"米国における金融機関破綻件数の推移"2013年9月。

财政赤字大幅增加引发的。

2008年10月，美国国会通过了《经济稳定紧急法案》（Emergency Economic Stabilization Act，该法案规定可以使用公共资金收购金融机构的不良债权）。于11月当选，翌年1月开始执政的奥巴马政权为了缓解经济危机，依据该法案实施了总额累计近1万亿美元的史无前例的金融缓和政策。美国2009年度（指2008年10月至2009年9月，下同）财政赤字达到有史以来最高水平的1.4万亿美元（与2005—2008年期间的年度平均3 540亿美元相比，骤升至原有水平的4倍），2009—2012年的年度平均财政赤字更是高达1.6万亿美元。在欧洲和日本，各国政府也同样投入公共资金救助民间金融机构。日本在这次萧条时期的财政赤字从2007年的10.7万亿日元增至2008年的20.6万亿日元、2009年的49万亿日元，三年期间膨胀到了原来的5倍（2010—2013年的年度平均财政赤字为45万亿～48万亿日元左右）。

美联储在2008—2011年期间为刺激经济恢复采取了两次大规模货币供给措施，即第首轮量化宽松（QE1）和第二轮量化宽松（QE2）。美联储通过增加购买美国国债，第一次向市场增加了1.6万亿美元、第二次增加了6 000亿美元的货币供给。接下来又在2012年8月以后实施了第三轮量化宽松政策（QE3），大量收购金融机构发行的抵押贷款支持证券（每月400亿美元），向市场注入资金，期望实现经济复苏。

但是，这些量化宽松政策却动摇了市场对美国国债的信任，导致美元相比于欧元和日元不断贬值。特别是2011年7月，美元对日元汇率跌破1美元兑换80日元大关，降至1美元兑换77日元的"超级日元升值"水平，阻碍了"3·11大地震"后日本经济复兴的进程。于是，在这种情况之下，安倍经济学（Abenomics）推出了一系列财政及金融政策来挽回日元升值的局面。

在此期间，奥巴马政府在议会通过了相关法案，提高联邦债务上限，力争重振经济，并确保现金流量。但是赤字财政的扩大引发了担忧国债违约的恐慌，2014年以后随着耶伦（Janet L. Yellen）接替伯南克（Ben S. Bernanke）出任美联储主席，美国开始探索宽松政策的退出策略（exit strategy）。

2009年以后，欧元经济圈的经济危机开始受到关注。

此次危机源于在希腊政府2009年政权交替之际，发现其之前公布为3.7%的财政赤字占GDP（国内生产总值）比例实为13.6%，导致人们对希腊国债信用的担忧升级。2010年4月，希腊政府向国际货币基金组织（IMF）和欧盟申请资金援助。同年5月，国际货币基金组织和欧盟制定了向希腊提供约1 100亿欧元（相当于希腊GDP的一半以上）的援助计划。但是，爱尔兰、葡萄牙、西班牙和意大利等国的财务状况都日益堪忧。

（关键词）　**国家会破产吗?**

通常人们认为国家不会破产，大肆举债等道德风险也因此而大行其道。但实际上，国家其实会破产，会导致政权交替，有时国家也会消亡。根据吉田一郎的《消失的国家》一书，第二次世界大战以后消亡的国家多达183个。[1] 导致国家消亡的原因很多，其中也有像苏联解体一样，由于人们意识到了国内经济面临的困难和封闭体制的无路可走，从而导致联邦国家崩溃的情况。

---

[1] 吉田一郎《消灭した国々》，社会评论社，2014年。

国家破产会引发怎样的事态，2010—2011年的希腊债务危机为人们显示了明确的回答。为了缓解财政危机，希腊政府向国际货币基金组织和欧盟申请了155万亿日元的巨额资金援助，为此不得不接受紧缩财政（降低公务员工资和养老金等政府支出、大批裁减政府雇员以及提高消费税率等）的附加条件。这直接导致了希腊在2010—2013年期间经济增长率为负13%的急剧收缩，出现了工资水平下降、拖欠工资、失业率增加（2012年底为27%，年轻人失业率为50%）、物价上涨、中小企业破产、抑郁症患者及自杀率增加等问题。人们不得不忍受日趋困窘的生活，由于燃料价格上涨，越来越多的市民使用木炭火炉取暖，各地公园的树木遭到非法砍伐，导致首都雅典的空气污染更加严重。此外，这一时期游行示威也接连不断。据英国《经济学人》杂志的报道，希腊国内无家可归者的数量增多，犯罪和腐败（诈骗、强占、行贿）事件频发，投资环境也日趋恶化。[1]2012年5月至6月，希腊选举出了新的联合政权，但政治局势并未恢复稳定。赤字财政就是支出超过了自己的收入水平，希腊的事例（西班牙也属于类似情况）向世人展示了生活水平持续超出自己承受能力时将会产生的后果。《新闻周刊》杂志驻希腊特派员担心，如果希腊的联合政权不得不接受这个国民不愿承受的紧缩财政政策，恐怕选民最终可能只有选择极左或者极右的道路。[2]对日本来说，希腊的情况并非与自己全无关系。

南欧各国的政府财政赤字占GDP的比例分别为意大利4%，葡萄牙、希腊、西班牙6%～8%（IMF2011年预测值），均超出了欧盟规定的3%。此外，南欧各国政府债务占GDP的比例分别为西班牙67%，意大利121%，葡萄牙106%，

[1] *Economist*, January 14, 2012.

[2] *Digital Newsweek*, May 8, 2012.

希腊166%。政府债务的增加导致国债信用下滑、实际利率增高（6%左右）、政府财政危机的进一步恶化、财政支出收缩、失业率增加及社会恐慌的恶性循环。

南欧各国发生财政危机，并不只是因为这些国家财政管理不善，还因为存在着导致管理不善的以下因素：

第一，欧元区内经济差距愈发明显，德国获得数额庞大的盈余，而这些国家的赤字却不断增加。

第二，全世界闲置出来的庞大国际流动资金或者被用于欧洲各国的政府债券投资，或者被借贷给该区域内的银行，助长了主权债务危机的发生。

第三，随着这一时期一些中东欧国家加入欧盟，资本出现了转移倾向，从原本劳动力低廉、具有成本优势的南欧国家流向了中东欧国家。

第四，南欧国家在欧洲统一市场的竞争框架之内，原本就面临着结构改革的课题，却迟迟没有采取相应的对策。

以上四点可以用来解释为何源于美国的货币经济和金融危机会在欧洲泛滥，并对经济结构脆弱（过度依赖跨国资本）的南欧国家带来沉痛打击。

正因为这些原因，2011—2012年欧盟各国签署了财政协定，确保成员国之间的财政秩序，并设立了最多可提供1万亿欧元援助的欧洲金融稳定机制。也有一些国家导入金融交易税，加强对金融借贷业务的监督，试图从共享银行及财政制度、统一财政的方向探索摆脱经济危机的出路。这一时期，欧元汇率大幅下跌，从2008年6月1欧元兑换168日元降至2012年6月1欧元兑换100日元左右，跌幅达四成（受日本宽松金融政策的影响，欧元汇率在2013年8月回升至1欧元兑换128日元，2014年3月上旬为1欧元兑换141日元）。

在欧洲经济危机和欧元贬值的背后，除了欧盟各成员国面对统一的步调不够一致的影响之外，还有一个原因就是在当今全球超过200万亿美元的金融资产（股票、公司债券、国家债券以及银行存款的总和。2010年的全球GDP总量仅为70万亿美元左右）当中，有很多是为了投机而流动，即"过剩流动性"（excess liquidity）。美元和欧元的贬值带来了日元升值的局面，但日元也面临着庞大的财政赤字（2011—2013年度平均财政赤字占GDP比例为9%，政府债务余额占GDP比例为220%，在OECD成员中最为严重），安倍内阁所采取的金融缓和和财政干预政策随时可能让日本也陷入主权债务危机。日元与欧元汇率的剧烈波动已经与世界的实体经济严重脱节，体现了金融经济难以驾驭的一面。

综上所述，21世纪出现的美国经济困境是"市场失灵"和"政府失灵"必然会导致的资本主义的危机现象，已经波及了欧洲和全世界。亚洲的各新兴经济体自20世纪90年代以来，通过积极吸引跨国公司的投资转变成了"世界工厂"。然而这些国家也在1997—1999年期间受到对冲基金（第3章）的货币经济冲击，被迫面临金融危机，由于出口产业下滑和经济秩序混乱，甚至出现了大城市的务工人员被迫返回农村的现象。之后，虽然亚洲经济通过区域合作呈现出一些恢复的征兆，但在2013—2014年期间，个别国家出现了泡沫现象，并面临着跨国公司撤资的威胁。这是因为美国的金融政策由宽松转为收缩，导致利率上涨，流到其他国家的资金出现了回流的倾向。

新兴经济体的发展也并非一帆风顺。

"1%与99%"的差距

除了经济问题之外，全球化大潮之下，还有一些重要问题是南北国家共同面临的，即社会问题和环境问题。

社会问题主要表现为"1%与99%"的社会差距和富差距进一步扩大。

2011年9月以及以后的几个月里，以年轻人为主的数千群众聚集在纽约市的金融中心华尔街，举行静坐、抗议以及示威游行，即"占领华尔街"运动。这场声称"我们就是那99%"的抗议活动迅速扩展到了美国各地。此次抗议反映了严峻的现实状况，比如经济全球化的发展导致曾经处于社会核心的中产阶级逐渐没落（抗议游行的绝大部分参加者是白人），金融危机以后失业率持续上升（从5%升至10%），特别是有四成高中或大学毕业生找不到工作。年轻人的就业难问题也是欧洲和日本的共同现象。

另一方面，根据时任美国总统奥巴马的2012年经济报告，美国最富有的1%人口在总收入中所占比例增加了两倍，从1973年的8%上升为2010年的24%，可见贫富差距显著扩大。贫富差距增大是全球普遍现象，也是中南美洲急剧变动、阿拉伯之春及日本政权更替（2009）等政治变动的重要背景。2013年，埃及、土耳其、巴西等中等收入国家都发生了年轻人及失业者阶层的大规模抗议，埃及在军方的介入下发生了政权更迭。

面对贫富差距的扩大，美国奥巴马政权实施了一些新的政策，例如向富裕阶层征税，用来创造就业岗位。然而存在同样问题的日本却是安倍经济学大行其道，试图通过让富裕阶层和大型公司获得更多财富来带动整个经济增长（涓滴效应，trickle down effect）。"我们就是那99%"现象已经超越了南北的界限，在世界各国成为问题。这给市场万能的风潮敲响了警钟，提醒人们反思建立在新自由主义思想基础上的全球化，促进政府转变政策，重视社会公平和就业问题，实施关注家庭和区域社会的政策，实行欧盟计划征收的金融交易税（第3章）等限制投机的制度。

日益严重的环境问题

进入21世纪以来，环境问题也变得更为严峻。

全球气候变暖现象持续恶化，联合国政府间气候变化专门委员会（IPCC）发布的第五次评估报告（2013年9月）指出，按照目前的状况发展下去，地球的平均气温到21世纪末将会上升1.4～5.8℃。北极圈的冰川也在不断融化，2012年全球总冰量与20世纪后半叶的平均水平相比已经减少了大约40%。

全球气候变暖不仅与二氧化碳等温室气体的排放量增加有关，人类滥砍滥伐导致森林面积减少也是不容忽视的原因（第8章）。面对这种情况，联合国通过了《联合国气候变化框架公约》（UNFCCC），成立了政府间气候变化专门委员会，并缔结了《京都议定书》及《后京都议定书》等协议。《京都议定书》制定的目标是在2008—2012年期间，实现发达国家温室气体排放量在1990年的基础上减少5%，但是由于美国和新兴经济体都没有参与而受到质疑。《后京都议定书》得到了美国和中国、印度等主要新兴经济体的参与，由各国主动提出减排目标再进行调整。

有专家指出全球气候变暖与近几年发生的异常气候现象有着密不可分的关系。比如南半球各国的干旱、北美各国的飓风和龙卷风、2013年8月袭击日本各地的暴雨（气象厅形容这次暴雨为"史无前例"）、同年9月份发生在菲律宾的台风、巨浪和发生在中国及其他亚洲地区的洪水灾害等。

发展中国家面临着公害、污染、食品安全、酸雨以及生物多样性的丧失等一系列日益严峻的环境问题。特别是近些年来在中国北方肆虐的沙尘暴、雾霾等造成的空气污染已经成为困扰中国政府的难题。根据中国环保部门基于2012年下半年数据公布的官方报道,造成各大城市空气污染的PM2.5(直径小于等于2.5微米的颗粒物)在每立方米空气中的年平均含量为76毫克,是世界卫生组织标准7倍以上,属于重度污染水平。北京大学等的调查显示,空气重度污染会引发呼吸系统疾病、心脏病以及眼睛的炎症等,直接危害人们的生命健康。中国过去曾在1月至5月的空气污染高发期连日发布大气污染预警,要求人们做好相关防护,大城市居民已经习惯在出行时佩戴口罩,如今政府在一年之内都会经常发布大气污染警报。

日本环境省也采取了相关措施,比如增加PM2.5跨境污染的观测点、制作专门网站供市民查询PM2.5浓度等。根据世界卫生组织的报告,随着发展中国家城市化进程的发展,因空气污染而死亡的人数持续增加,目前已经达到每年130万人。[1]

2011年3月发生的日本大地震引发了福岛核电站核泄漏事故,放射性污染导致大片地区不再适合人类及生物居住,家庭和社区被破坏得面目全非。核泄漏污染物目前还没有有效的处理方法。只要不停止核电开发(第8章),人类将继续生活在对核污染的恐惧和担忧之中,这也是福岛核泄漏事故给我们留下的教训。同时,此次事故也揭示了核电领域政府、官僚、财阀、学界及媒体的利益综合体的存在,他们一手操纵了核电事业的发展,构成全球资本积累机制的一个组成部分。

在东南亚地区,印度尼西亚自20世纪80年代以来为了栽培油棕树等经济作

---

[1] "Air Quality and Health", Fact Sheet, No. 313, Sept. 2011.

物，每年都会焚烧大片森林，由此产生的雾霾在2013年6月对新加坡、马来半岛等地造成严重污染。

以上为世界范围内的全球化给社会及环境带来的深刻影响，目前世界经济具有以下四个显著倾向：

（1）发达国家的过剩流动性（闲置资本）找不到用途，导致巨额资金在全球范围内流动。

（2）因此，美国发生了"次贷危机"，经济危机表现为雷曼冲击等形式的"市场失灵"。

（3）政府采取积极的财政政策来救助金融机构及市场，但目前发达国家的状态是仅能依靠政府增加国家债务勉强维持经济的低速增长。

（4）同时，全球环境持续恶化，贫富差距扩大等社会分裂问题愈加严重。

接下来，笔者将结合日本的情况，从面向未来的视角出发，介绍和分析21世纪世界经济的特征和各要素。

全球化背景下的世界经济

第 1 章

全球化与区域化的是是非非

全球化促进了财富的增加，但它并非只有积极的方面。伴随着生产力的提高，全球范围内的南北差距、繁荣地区与落后地区的差距以及 1% 的富人与 99% 的平民之间的差距都呈现出扩大的趋势。

全球化带来了什么?

全球化是指20世纪90年代初冷战结束以后，通过市场经济迅速发展起来的世界经济一体化。

民族国家体制（nation state system）是近现代世界最重要的特征，而世界经济一体化的动向最早从跨境（或者无国境）经济活动开始，在全球范围内改变了国际关系（international relations），这一现象被称为全球化（globalization）。

需要注意的是，全球化包括经济全球化和意识全球化两个层面。

就经济层面而言，随着世界范围内生产力的提高，市场经济的发展已经超越了国境。这既意味着贸易的扩大，也体现在资本方面，而跨国投资的增加又会继续扩大贸易的范围。因此，经济全球化表现为贸易（商品或服务）数额的急剧增加和资本流动的大潮。

在1960年只有1 300亿美元左右的世界贸易（出口）总额在1990年增至3.5

万亿美元，2000年变为大约6万亿美元，到了2012年则达到18万亿美元。在最近四分之一个世纪的时间里，世界贸易总额膨胀至5倍以上，特别是仅在进入21世纪以来的10年期间就加速增长为原来的3倍。此外，境外直接投资（存量，累计金额）也同样直线上升，从1970的约109亿美元，增长为2000年的8万亿美元、2012年的24万亿美元，近些年来新兴经济体的对外直接投资也出现了大幅增加。

在投资逐年增加的同时，投资以外的资金流动（年度流量）也急速增加。当前世界上约有8万多家跨国公司，其生产总值约为12万亿美元，占全世界GDP总量70万亿美元（2010年）的大约17%，相当于日本GDP总量6万亿美元的2倍，接近美国GDP总量14万亿美元。

跨国公司从发展中国家廉价获取资源和产品，将赚来的外汇转移到本国，为发达国家积累财富和提高生活水平做出了积极贡献。同时，对于一直生活在发展中国家传统社会里的人们来说，跨国公司也为他们开启了一扇展望世界（比如新的生活消费方式、IT技术等）的新窗口。

在跨国公司跨过国境开展业务的同时，世界范围的现金流动也大幅增加。这种跨国公司在本国境外使用的资金叫作欧洲货币（Euromoney）。每天有数万亿美元的欧洲货币在全球范围内流动，其中一部分被用来投机，都有可能对任何国家的汇率造成重大影响。20世纪90年代末的亚洲金融危机和最近的欧元危机都证明了这一点。事实上，跨国公司和相关金融机构（例如第3章的对冲基金等）都是"钱生钱"的赌场经济（第4章）的动因，也是导致近些年来南北差距、南南差距以及世界范围内贫富差距急速扩大的因素。

与经济全球化程度呈正比增长的还有全球人口及劳动力的移动。国际移民组织（IOM）的报告显示，2010年的国际移民数量约为2亿人，国内移民数量为7.4

亿人，世界人口中平均每7人中就有1人，总计约有10亿人生活在自己出生地以外的地方。目前，世界有数亿人口越过国境来往于各地，全球航空客运载客数量从1997—1998年度的15亿人次增加至2012—2013年度的29亿人次。

同时，到海外旅行的日本人也由1990年的1 000万人次，增加为2000年的1 500万人次，并于2012—2013年度达到1 800万人次左右（以上均为出境人数）。进入日本的外国人数量也由1990年的360万人次增至2013年的1 125万人次。

根据国际劳工组织（ILO）的统计，21世纪初期在欧美各国工作的外籍或者在外国出生的人口约占总劳动人口的5%～15%，人数超过3 000万人。在日本拥有居留资格的外国人数量也从1986年的大约87万人增加为2000年的约160万人，2010年达到214万人，增至近3倍。特别是其中非永久居留的短期居住者数量在同一时期从21万人增加到117万人，增加为原有人数的约5.6倍。与欧美国家相比，在日本工作的外国人仅占总工作人口的1%多一点，日本现在面临着严重的劳动力不足问题，因此劳动力市场今后还会进一步开放，在工作场合遇到外国人士的情况将更加司空见惯。

战乱及灾害所产生的难民数量也显著增加，2012年1月联合国难民事务高级专员办事处（UNHCR）认定的难民和联合国近东巴勒斯坦难民救济和工程处（UNRWA）认定的巴勒斯坦难民人数合计达到1 540万人。此外，UNHCR的2013年度报告还指出，各国境内难民的人数多达2 880万人，由于政治迫害、冲突、暴力以及人权侵犯等原因被迫在世界各地避难的人数为4 520万人。他们当中有80%得到了UNHCR的援助，比20世纪90年代初期的1 600万人增加了一倍以上。

综上所述，经济的全球化是指市场经济在贸易、投资、劳动力等各方面均在世界范围内不断发展的结果。它与全球自由化、体制开放化、放宽管制及民营化等趋势一同，大幅改写了国际关系的风景，即改变了民族国家之间迄今为止的相互关系。也就是说，民族国家的疆界变得越来越低，资本、商品及劳动力的流动更加频繁，民族国家的控制力量减弱，跨国公司的标准作为"全球标准"变得更加畅通无阻。

生产要素（资本、管理、资源、劳动力）在世界范围内的自由流动与各种技术和经验的碰撞产生了技术创新，从而显著提高了全世界的生产力水平。全球GDP在1990年约为20万亿美元，到2010年变为70万亿美元，短短20年间增加了2.5倍。

全球化促进了财富的增加，但它并非只有积极的方面。伴随着生产力的提高，全球范围内的南北差距、繁荣地区与落后地区的差距以及1%的富人与99%的平民之间的差距都呈现出扩大的趋势。以新兴经济体为代表的发展中国家经济实力显著增长，充满活力，但贫困和失业也变得更为引人注目。无论是发达国家还是发展中国家，贫困问题都变得越来越普遍。随着"全球标准"大行其道，很多地区所固有的标准（文化传统）却逐渐消失。

另外，随着全球范围内的工业化发展，公害、环境污染以及生态系统的恶化也愈加严重，人们开始为经济发展的可持续性而担忧。这些都是全球化所带来的负面影响，本书接下来还会详细阐述。

AIDS/HIV、SARS（严重急性呼吸系统综合征）、BSE（牛脑海绵状病）等新型传染病的增加也应该得到人们的关注。

（关键词） **华盛顿共识（Washington Consensus）**

在经济全球化的背景下，位于美国首都华盛顿的布雷顿森林机构（国际货币基金组织、世界银行）在向国际收支出现赤字、外汇周转困难的发展中国家提供贷款时，会提出一些经济政策方面的条件（conditionality），引导贷款接受国放宽政府管制、推行经济自由化。这些政策以华盛顿共识为基础，作为一种手段，其目的是在发展中国家发展市场经济，实现"小政府"，将发展中国家市场纳入世界资本主义经济体系。但目前发达国家经济也面临困境，有条件贷款并未产生明显效果，民间资本大量流向发展中国家，削弱了官方资本的发言权，这些原因使华盛顿共识的影响力趋于衰退。

(关键词) **全球化与难民和新型传染病**

全球化与难民的增加和新型传染性疾病的流行是否有着必然联系？

经济全球化是指市场经济跨越国界不断发展的现象。在全球化进程中，原有的民族国家解体，促使各民族的身份认同感增强，自治独立运动日益高涨。在自然资源富饶的地区，围绕资源支配权的利益分配问题也不断变得尖锐。属于前者的情况有苏联和南斯拉夫解体、厄立特里亚从埃塞俄比亚独立、卢旺达和布隆迪的图西族与胡图族对立等；后者的情况包括刚果民主共和国（旧称为扎伊尔）、利比里亚、塞拉利昂等国的内战。

近三十年来，艾滋病、埃博拉出血热等新型传染病迅速扩散，有时还会在动物之间传播。关于新型传染病流行的原因，针对每种疾病都有人提出不同观点，未必存在定论，但有一种观点认为，因为过度开发和市场经济的发展，森林遭到滥伐，导致人们接触到了一些原本属于未知领域的病毒，并且由携带病毒的人通过交通、贸易的发展而迅速扩散到世界各地。另外，动物传染病的流行也与市场经济化和高效化饲养有关，家畜饲养向工业化（统一笼圈饲养及大量投放生产饲料）发展，疫情变得更容易经由市场传播，这些都可能是新型传染病扩散的原因。

从这一点来看，也可以说难民数量增加和新型传染病流行的背后，都笼罩着将一切视为商品、并且削弱国家体制的全球化的阴影。

人权及环境意识的全球化

与经济的全球化同时快速发展的还有人们意识的全球化，其中最具代表性的是关于人权和环境的意识。

人权概念伴随西欧资本主义革命和工人运动的兴起，由最初的自由权发展成为社会权，在第二次世界大战之后，随着旧殖民地的独立，又相继产生了被称为第三代人权的新的人权概念。例如男女同权、自治权、发展权、环境权、通信权、性与生殖权等等都属于新的人权，即第三代人权。

第二次世界大战之后，《世界人权宣言》（1948 年）归纳和整理了作为人类共同财产发展而成的人权概念，明确指出人权、人的尊严、民族之间以及两性之间的平等是和平的基础。在《世界人权宣言》原则的基础上，1976 年联合国大会《国际人权公约》（包括规定了自由权利及公民权利的 B 公约和规定了社会、经济、文化权利的 A 公约）正式生效，作为法律规范确立了现今阶段的人权概念。《国际人权公约》在很大程度上涵盖了第二次世界大战以后新兴独立国家和各发展中国家提出的新的人权，标志着如今的人权概念已经不再由西欧国家所独享。例如，这一点体现在，无论是 A 公约还是 B 公约都在第一条规定了民族自治权和自由处置天然财富和资源的权利，另外 A 公约还规定了免除饥饿的权力。

截至 20 世纪上半叶，人权都是被写进各国宪法，受国家保护的。第二次世界大战之后，国际人权的概念登上舞台，成为国际社会、国际组织必须尊重的普遍性概念，表现为国际条约的形式。

在这些国际条约的成文化过程中，各相关国家和国际非政府组织（NGO）通过各种方式参与审议，广泛吸收民众意见，为国际人权的发展做出了贡献。此外，当今国际人权还有一个重要特征是，与全球性问题相关的国际条约成立之后，还会制定行动计划，强化具体方法，使其在世界各国、在每个国家的各个层面都能够得以实施。例如，根据联合国世界妇女大会通过的宣言和行动计划，各国政府会各自制定行动计划，各地方政府或自治体也要通过相关的行动计划，保证从全球层面到地方层面都能实现男女平等。其实施并非仅限于在各国、各地方层面由行政机构来组织，还会有非政府组织、非营利组织（NPO）以及民间社会的广泛参与，可见人权意识已经彻底渗透到了草根阶层。这就意味着人权的全球化。

此外，环境问题也迅速实现了全球化。在第二次世界大战之后的经济增长热潮中，各地频繁发生公害问题。随着生产力的提高，不仅一个国家的公害会以酸雨或者大气污染、水污染、海洋污染等形式扩散到其他国家，大气中二氧化碳的增多还会导致全球气候变暖、滥伐森林会导致沙漠化和气候异常，以及化学物质泛滥也会给人体健康带来危害，这些情况还会破坏未来的生活环境，甚至威胁到人类的生存。核试验等军备竞赛所导致的环境破坏也成为不容忽视的问题。

经过1972年在斯德哥尔摩召开的联合国人类环境会议、1992年在里约热内卢召开的联合国环境与发展会议（地球会议）以及《21世纪议程》的通过，"只有一个地球"的全球意识迅速在全世界得到了普及。距今大约三十年以前，还有一些发展中国家在国际会议上堂而皇之地声称"要烟囱、不要环境"，而如今即使在发展中国家，也出现了很多积极开展环境保护事业的非政府组织、非营利组织等民间团体。

以保护环境为主题的全球性国际公约主要包括以下内容：1985—1987年旨

在防止臭氧层破坏的《维也纳公约》《蒙特利尔议定书》,1992年的《生物多样性公约》,同年在联合国会议上通过的防止全球气候变暖的《气候变化框架公约》,规定各国二氧化碳排放量的《京都议定书》,2010年在名古屋召开的第10次缔约方会议通过的《爱知目标》等。本书第8章还将详细介绍环境方面的全球治理的意义和方法,这些都体现了环境意识的全球化。

接下来考察经济与意识全球化之间的关系。

信息化的利与弊

毋庸赘言,经济和市场的发展必然会带来信息、交流方式及技术、交通及运输手段等的飞跃性发展。光纤实现的大数据量信息传输、互联网和电子邮件及传真等带来的瞬时无国界交流、Skype等远程视频电话、IT技术革命等都与经济和金融的全球化密不可分。

表 1-1　世界各地的互联网使用人口及普及率

（2000，2012年）（单位：100万人）

	2000年	2012年（普及率，%）
亚洲	114.3	1 076.7(27.5)
日本	47.1	101.2(79.5)
欧洲	103.1	518.5(63.2)
北美	108.1	273.8(78.6)
拉丁美洲及加勒比海地区	18.1	254.9(42.9)
非洲	4.5	167.3(15.6)
中东	5.3	90.0(40.2)
大洋洲	7.6	24.3(67.6)
总计	361.0	2 405.5(34.3)

数据来源：Internet World Stats 2012（http://www.internetworldstats.com/stats.htm）.

2012年世界互联网使用人口达到24亿人（表1-1）。他们可以通过计算机、手机等通信终端、电视机或者游戏机等与互联网连接，从全世界获取丰富的信息资源，不再依赖政府或媒体，水平式、社会性交流得到显著发展。特别是近些年来，随着手机上网技术的发展，一些发展中国家也迅速普及了互联网，其普及率在不久的将来还将继续提高。

从2001年到2012年期间，亚洲的互联网使用人口从1.1亿人增至11亿人，达到10倍。其中5亿人在中国，日本有1亿人，占了一成。预计到2020年，中国和印度等国的互联网人口将会继续增多。日本2012年的互联网普及率为80%，基本达到饱和状态。

表 1-2 亚洲各国的手机普及情况

（2012年）

	使用人数（1,000人）	普及率（%）
印度	864 720	70
印度尼西亚	281 963	114
柬埔寨	191 051	128
泰国	85 012	127
中国	1 112 155	81
日本	141 129	111
孟加拉国	97 180	63
菲律宾	103 000	107
越南	134 066	148
马来西亚	41 325	141
缅甸	5 440	10
蒙古	3 375	121
老挝	4 300	65

数据来源：International Telecommunication Union (ITU), World Telecommunication / ICT Indicators Database, June 2013.

表1-2为亚洲各国2012年的手机普及情况。东南亚国家的普及率基本上已经达到100%或者更多。按照联合国和世界银行的定义，柬埔寨和老挝属于最不

发达国家（Least Developed Countries, LDC。第 9 章），但其手机普及率也已经分别达到了 128% 和 65%。只有缅甸的手机普及率为 10%，不过这一数据也必将通过其改革开放得到迅速提高。印度在 2007 年只有 2 亿多人口持有手机，普及率为 20%，而 2012 年则增加至 8.6 亿人，手机普及率达到 70%。

在信息通信技术的迅猛发展之下，国民及其乡党意识都逐渐朝着全球化的方向前进，信息封锁成为落后于时代的做法，这无疑推动了民主化的发展。2011 年秋季以后，在军人政权统治之下长期采取封闭体制的缅甸也开始大力推行改革开放，其原因除了国内的民主化运动之外，也有东南亚地区信息化大潮的作用。导致"柏林墙"倒塌，从而结束了东西冷战格局的契机，也是因为西边开放体制的信息传达到了东边的封闭世界。从这个意义来看，可以说经济全球化与意识全球化之间是呈正相关的。

但是，两者并不只是正相关，同时也相互制约或者彼此矛盾。这与市场及政府的失灵具有密切关系。如前文所论述的，经济全球化以市场经济为基础，带来了市场经济在全球范围内的发展。但与此同时，贫富差距及地区差距、南北问题、垄断和投机、环境破坏及公害、失业等"市场失灵"现象也在全球范围内扩大。特别是在 20 世纪 90 年代，欧洲货币危机以及之后的亚洲货币及金融危机都体现了这些问题。

信息化也具有"市场失灵"的一面。也就是说，随着信息化在全球范围内的发展，信息差距和信息不对称的问题也日益突出，即出现了信息鸿沟（digital divide）。这既是一个全球性的问题，也存在于单个国家的内部。

当信息不对称时，信息的发送方可以轻易将信息单方面地发给接收方，从而操纵后者的行为。现在，南方国家已经开始通过手机、互联网的普及来扭转这种信息不对称的局面。总部位于卡塔尔的24小时卫星电视"半岛电视台"的创立，正是阿拉伯国家为了改变长期以来美国单方面宣扬的"危险的阿拉伯人"形象，要将阿拉伯民族的想法传达给全世界。

人权意识与市民运动

为了抵制包括上述信息领域在内的市场失灵，人们的人权意识不断提升，并针对全球化形成了批判力量。

此外，发达国家在冷战体制下进行军备竞赛，导致紧张升级，为了抗议其引发大战的危险以及军备导致的环境破坏等，促进裁军、倡导和平以及主张人权的市民运动得到了发展。发展中国家当中，有些国家为了追赶发达国家建立了发展独裁政体，他们践踏人权，破坏环境，为了对此进行反抗，力图争取人权和民主的市民运动逐步发展起来。"阿拉伯之春"等民主化浪潮由信息通信技术的普及而产生，也可以说是抵制"国家失灵"，追求人权与和平的运动。

在发展中国家，经济全球化、跨国公司的发展往往会带来大量贪污腐败现象，这也是亚洲发生货币危机，金融体系瘫痪的一个原因。意识的全球化还能发挥检验经济全球化状态的作用。亚洲金融危机之后，在亚洲各地取得瞩目发展的民主化运动浪潮证明了这一点。

不过，也有可能意识全球化并不只是伴随经济全球化而产生，而是拥有其独自的发展动力。正如联合国宪章和《世界人权宣言》是在经过第二次世界大战的惨痛教训之后才得以制定的，意识全球化的发展也与人权、人的尊严以及自由选择的增加等人类社会的发展密切相关。国际人权公约B公约议定书规定个人与国家处于对等的地位，为追诉践踏人权的国家提供了可能性，体现了以人为本的世界性思潮。人权意识在世界范围内的发展推动了意识全球化的进步，使其成为批判由巨型企业主导的经济全球化的主要力量。本书将其称为"地球公民意识"。

当今世界，在经济全球化和意识全球化的相互关联和相互对抗当中，全球治理模式发生了双重的重大变化。第一，世界政治经济的治理模式逐渐从发达国家主导型变为多元文化型，具体表现为包括发展中国家在内的二十国集团（G20）的作用日益增强，超越了迄今为止一手掌控世界政治的八国集团（G8）。

第二，在世界经济当中，过去的东西方冷战时期是共产世界与自由世界对立的一元论世界观占据统治地位，而如今则出现了对全球化加以检验的多层次动向。多层次动向指由市民社会、恐怖主义、区域主义等不同参与者同时推动世界实现多元化发展。

接下来介绍这部分内容。

从G8到G20，再到G2战略

冷战结束以后，世界经济与政治的主要议题一直都是由八国集团首脑会议（G8 Summit）的主要国家协商决定的。发达国家首脑会议的前身是为了协商如何应对石油危机之后风云变幻的世界形势，由法国于1976年发起，由美国、英国、德意志联邦共和国、法国、日本、意大利、加拿大组成的发达国家七国会议（Group of Seven, G7）。后来俄罗斯也加入其中，成为G8。但是，近几年来，随着新兴经济体的崛起，2008年以后开始召开的二十国集团（Group of Twenty, G20）首脑级峰会已经在协商解决世界经济所面临的课题方面发挥着不可或缺的重要作用。

G20国除了原有的G8国家之外，还包括中国、印度、巴西、墨西哥、南非共和国、澳大利亚、韩国、印度尼西亚、沙特阿拉伯、土耳其、阿根廷等11个国家以及欧盟。

在希腊、西班牙面临经济及财政危机之时，G8和G20都曾经商讨欧洲所应采取的对策。G8除了经济问题之外，还把安全保障问题也纳入议程，讨论叙利亚内战、伊朗和朝鲜的核问题等。但由于俄罗斯与其他国家的不同立场，G8始终未能达成发达国家的一致政策。

G20的设立最早是在亚洲金融危机之后，由包括新兴经济体在内的主要国家财政部长、中央银行行长共同商讨货币及金融危机问题，因此经济及金融问题是其主要议题。如今，新兴经济体已经成为讨论世界经济问题时必不可少的参与者。从G8到G20的职能转换显示了新兴经济体将越来越多地参与全球经济统治模式的趋势。经济全球化的内部也孕育着多极化的种子。

在全球治理模式的变化过程中，还应该看到美国于2011年以后转换外交政策重心，提出了重返亚太地区的战略（简称为亚太再平衡战略，pivot to Asia）。该战略也被称为G2战略，其目的在于通过推进与中国的对话和合作，利用亚洲经济发展的活力，重新构建霸权。2013年6月，中国国家主席习近平受奥巴马总统之邀访问美国西海岸，并与奥巴马进行了长时间的非正式会谈（两天内的会谈时间总计长达8个小时）。自1972年毛泽东与尼克松筹备中美恢复邦交的会谈以来，堪称特例的此次习奥会谈向全世界表明，中美两国正在筹划今后十几年的新型全球治理模式。习近平称会谈目的为构建中美新型大国关系，而美国的目的则是为亚太区域的G2时代做准备。

第二次世界大战之后的很长一段时间里，对美国而言的世界统治模式都是在冷战前提下，由美国及其同盟国主导的自由世界。冷战体制结束以后，形成了一超多强的世界格局，美国曾经侧重由其主导的"联合统治下的和平"（Pax Consortis），然而在经历了"9·11事件"、中国等新兴经济体的崛起以及中东地区的资源战争之后，美国从奥巴马总统任期开始重视美国与亚太地区的关系，将外交战略的重心转换为谋求与中国的协作。中美两国领导人会谈的主要话题据说涉及朝鲜问题、钓鱼岛及南海领土问题、两国间的互联网攻击、经济贸易以及人权等问题。

中国此次采取了与美国直接对话的方式。对此，美国就太平洋地区的领土问题重申了维持现状的立场，同时采取两面作战，一方面与中国对话，另一方面又牵制中国。中美两国在彼此之间的网络攻击上互不相让，但双方都看到了进一步发展相互贸易及经济的必要，中国显示了视情况加入美国主导的跨太平洋伙伴关系协议（TPP，第9章）的可能性，使日本为了与中国抗衡而匆忙加入TPP的目的落空。美国虽然也提出了人权问题，但都未见结果。2013年的中美会谈主要就是以上内容。

中美首脑会谈之后的7月，旨在加强中美经济关系的部长级中美战略经济对话在华盛顿举行。中美就习近平体制起航之后两国所关心的问题进行了意见交流，也为G2战略铺平了道路。习近平主席为此在上任后立即于3月份与普京会谈，确保了后方安全。此次重建中美关系，对美国来说无疑是再现大国主导统治模式的一次尝试。但G2战略也并不是一条坦途，中国面临着贫富差距过大的问题和与日本等东亚近邻国家之间的关系问题，美国则面临着财政及贸易的双赤字（第4章）不断扩大的问题，这些问题将分别束缚两国的前进步伐。

市民社会对全球化的反思

前文介绍了大国政府之间重建全球治理模式的动向，接下来再看全球化的反面——区域主义的盛行。当前，针对全球化所带来的负面影响，主要在以下三个方面出现了对全球化的抵抗或者反思。

第一是全球化市民意识为市民社会带来的新变化。

市民社会反对国家利益优先、物质利益优先的活动最早始于反越南战争运动，经过欧洲20世纪80年代旨在销毁中程核力量（INF）的反核运动，以及同一时期的旨在保护环境、反对公害的绿党运动，从90年代后半叶开始呈现出新的发展态势。

市民运动的新发展包括旨在解决最贫困国家由于南北差距的沉重负担而债务缠身的问题的减免债务运动，以及反对将贸易自由化作为最优先课题而对由此产生的社会问题视而不见的抗议自由化政策的运动。

如今每年的1月，大型跨国公司及各国领导者都在瑞士的达沃斯齐聚一堂，召开世界经济论坛年会（达沃斯论坛）促进全球化的发展。为了与之抗衡，各市民团体最初在巴西阿雷格里港，后来于2004年在印度孟买召开世界社会论坛，汇集世界范围以及各国的全球化经验，为国际组织及各国政府或者跨国公司提供建设性意见和建议。

恐怖主义的过去、现在和未来

第二是恐怖主义，它全面敌视全球化，试图以暴力方式来验证全球化的失误。恐怖主义在过去主要是国家镇压民众，或者反对势力或游击队实现政治目的的手段，以绑架、暗杀领导人等行为为主。纳粹政权排除政敌、迫害犹太等少数民族、妄图形成单一民族的过程，以及萨达姆政权对伊拉克境内库尔德人的迫害等属于前者；美国肯尼迪总统和罗伯特·肯尼迪司法部长遇刺，以及罗马教宗若望·保禄二世遭到的暗杀未遂等则属于后者。

　　然而近三十年来，在全球化的背景下，国内反对势力开始越来越多地通过攻击第三者或者市民社会来宣扬其政治主张。比如1997年11月宗教激进主义者在埃及卢克索针对欧美游客的恐怖袭击、菲律宾棉兰老岛游击队绑架欧美游客的事件、2005年伦敦八国峰会期间发生的地铁及巴士恐怖袭击、2013年4月美国波士顿马拉松比赛时发生的爆炸袭击等，这些都是新型恐怖主义（被称为本土恐怖主义，homegrown terrorism）。

　　也就是说，新型恐怖主义是指，某些势力为了谋划特定的政治行动，采取反社会行为，以撼动统治者权威的方式提出自己的政治主张，制造出能够实现其政治目标的社会氛围。新型恐怖主义吸收了很多过去由国家权力进行的恐怖主义因素。此外也有一些例外情况，比如基地组织原本是美国为了阿富汗的反共战争培养起来的恐怖组织，后来却调转枪口袭击了不断推动全球化发展的美国，即2001年的"9·11"恐怖袭击事件。

　　现在的中东，在巴勒斯坦和伊拉克，上述各种恐怖主义已经交织在一起。

　　那么，恐怖主义诞生的土壤是什么呢？首先，在日益严峻的南北差距、南南差距和失业浪潮之中，越来越多的人对未来无法抱有任何希望，这个阶层为恐怖袭击的实施提供了作战部队。另一方面，恐怖主义也经常能够获得巨额的资金支持，从这一点来看，对全球化所带来的物质文明的反感也是恐怖主义产生的一个原因。

　　这种反感是否表现为恐怖主义的形式，与该社会集团的历史及文化因素有关，不同情况需要进一步的具体分析。但恐怖主义在很大程度上直接继承了当今世界的暴力因素，这是无法否认的事实。为了根除恐怖主义，美国在"9·11"事件之后采取了先发制人式的军事暴力，但这反而可能"越反越恐"，造成暴力的循环，导致恐怖主义层出不穷。

回应恐怖主义的最佳方式是，缓解全球化中的暴力的、否定人性的因素，增强人权与和平的观念和价值观，最终将暴力与战争的文化变为和平与和解的文化，即前文介绍的意识全球化、全球公民意识所带来的和平展望。

如今，在全球化不断发展的过程中出现了两种情况：一方面，美国依靠强大的军事实力，试图在世界上建立起符合自己价值观的帝国，造就新版"罗马治下的和平"，然而罗马帝国虽然依靠强大的军事实力实现了领土扩张，并且维持了长时间的和平，但其对奴隶及各民族的压迫却是一直存在的。另一方面，出于对全球化的日益增长的不安，还有的国家试图通过强化民族主义的方式来抗衡，比如日本出现的升国旗、唱国歌、政府领导人参拜靖国神社以及向海外派遣自卫队等行为。这两种方式都无法消除恐怖主义，而只会让恐怖主义更加大行其道。

全球化与区域主义的发展壮大

反思全球化的第三个因素是区域主义（regionalism）。

区域主义指一些受全球化影响的国家联合起来，通过增强区域内合作，来解决国家主导型经济和全球化经济以及这两者都无法解决的问题。1957年欧洲六国签订《罗马条约》，宣布成立欧共体（EEC），标志着区域主义的最初形成。欧洲各国此举有两个目的：第一是为了对抗美国和苏联的霸权，加强欧洲内部的团结；第二是为了发展现代化生产力，形成能够与美苏抗衡的广阔市场。

20世纪80年代，新自由主义标榜小政府和市场竞争，战胜了战后以来的混合经济体制和重视国家调控的凯恩斯主义，为全球化的发展铺平了道路。其后欧洲加快了统一进程，体现了欧洲为了抵制全球化所带来的美国式大量生产、大量消费模式的渗透，努力探索自己的道路。

此外，在北美地区，1994年美国、加拿大和墨西哥三国签署的北美自由贸易协定（North American Free Trade Agreement, NAFTA）也是区域主义的重要体现。美国试图将北美自由贸易协定扩展到整个美洲，但拉美各国民族主义高涨，他们没有响应美国的号召，而是选择开展本区域内的合作。拉美国家的区域主义体系包括1995年正式开始运行的南方四国共同市场、安第斯共同体（设立于1969年的四国合作组织，2005—2006年巴西等南美五国成为联系国）、2011年成立的包括古巴等中南美所有国家的拉美及加勒比国家共同体（Comunidad de Estados Latinoamericanos y Caribeños, CELAC）。

在亚太地区有1989年由澳大利亚首倡成立的亚太经济合作组织（APEC）。近些年来，美国在政治领域和经济领域分别将APEC和TPP作为其亚太战略的轴心。

东盟（ASEAN）国家从1997—1998年亚洲金融危机中吸取了教训，为了防备APEC成为美国主导全球化及自由化发展的舞台，提出了东盟十国和东亚三国（日本、中国、韩国）的新型合作机制（东盟10+3）。在此基础上，2003年在东京召开的"东盟10+3"特别首脑会议确认了建立东亚共同体（East Asia Community, EAC）的设想。但日本担心东亚共同体与美国陷入敌对关系，又提出了东盟10+3再加上澳大利亚、新西兰及印度的"东盟10+6"模式。这个设想首先以东亚峰会(East Asia Summit, EAS)的形式举行，2011年在日本的推动下，美国和俄罗斯作为观察员参会，形成"10+8"格局。对于东亚共同体今后将进一步采取什么形式，美国、中国、东盟和日本各有主张，目前还没有得出结论。但不容置疑的一点是，东亚也出现了加强区域合作的动向，而美国和日本则希望将其融入全球化的浪潮当中。

区域主义能够在全球化时代发展壮大的主要原因有以下三点。

第一，经济全球化弱化了民族国家的界限，随着关税等限制的缓和，区域合作变得更加容易。

第二，全球化增强了跨国公司的影响力，正如1997—1998年亚洲金融危机所展示的，一个国家的经济可能完全被国际流动性所左右，而区域合作则可以防止这种事态的发生。"东盟10+3"达成的《清迈倡议》就是区域合作在这方面所取得的直接成果，其目标是建立区域成员出现货币危机时的外汇援助机制。

第三，随着意识全球化的发展，国家主义性质的限制逐渐缓和，人们对邻国文化的兴趣也逐渐提高。韩国放宽对日本文化的限制和日本在同一时期形成"韩流"热潮、日本时尚及跨国合作电影在中国大陆及中国台湾等地的流行、全亚洲对日本漫画及COSPLAY的热衷和留学生的增多等等，都体现了这个趋势。

以上介绍了全球化过程中出现的三种反全球化动向，它们均根植于全球化，同时又对全球化加以反思。

接下来再看看全球化体系下世界经济的具体情况。

世界经济鸟瞰

1981—2000年的20年间，全球GDP总额增加了1.6倍，从12万亿美元增至31万亿美元。随后在2000—2011年的11年间，该数据继续翻番，达到约70万亿美元。进入21世纪以来，世界人均GDP也在较短时间之内增至原有水平的近2倍（表1-3）。

虽然21世纪前10年里发生了经济危机，但发达国家GDP总量仍从24万亿美元增至43万亿美元，增幅约为80%。发达国家的人口仅占世界总人口的15%，却拥有全世界财富的60%，其中的九成以上都集中在美国、欧盟和日本三个国家或地区。

就人均GDP而言，2012年发达国家人均GDP为42 000美元，相当于发展中国家的10倍。

但是从表1-3可以发现，2000年发展中国家的人均GDP为1 342美元，发达国家的人均GDP为26 838美元，南北差距约为1比20。经历了21世纪前10年的发展，发展中国家GDP总量从6.5万亿美元翻了近两番，增至23.8万亿美元，可见南北差距正在逐渐缩小。

也就是说，发展中国家已经开始追赶发达国家。换句话说，财富正从发达国家流向新兴经济体等后发展起来的国家。[①]同时不可否认，这也是发达国家财政及债务问题恶化或者走向货币经济化（试图通过操控货币和资金迅速获取利润的倾向）的原因之一。

图1-1为世界各主要国家或地区的GDP增长率。2000—2010年期间，发达国家GDP增长率为每年1.6%，而发展中国家的增长率为每年6.1%，相当于发达

---

① OECD, *Perspectives on Global Development 2010*, 2010.

表 1-3 世界人口、GDP 及人均 GDP
（1981，2000，2011年）

	年	人口 （100万人）	GDP （10亿美元）	人均 GDP （美元）
世界	2011	6 974	69 971	9 998
	2000	6 056	31 363	5 178
	1981	4 512	12 051	2 681
发达国家	2011	1 031	43 309	42 071
	2000	903	24 225	26 838
	1981	789	7 727	9 797
美国	2011	317	15 120	47 708
	2000	283	9 810	34 637
	1981	224	2 906	12 965
欧洲*	2011	517	18 664	36 144
	2000	389	8 273	21 252
	1981	371	3 109	8 378
日本	2011	126	5 832	46 105
	2000	127	4 765	37 494
	1981	117	1 129	9 644
发展中国家	2011	5 641	23 812	4 222
	2000	4 839	6 494	1 342
	1981	2 299	2 288	1 003
中国	2011	1 347	7 062	5 241
	2000	1 252	1 080	862
	1981	969	300	311
撒哈拉以南非洲	2011	876	1 268	1 447
	2000	668	340	334
	1981	384	188	550
南非共和国	2011	50	408	8 094
	2000	46	133	2 969
	1981	n.a.	n.a.	n.a.
印度	2011	1 241	1 944	1 566
	2000	1 009	457	453
	1981	710	170	240
经济转型国家**	2011	303	2 399	8 572
	2000	305	398	1 303
俄罗斯	2011	143	1 841	12 698
	2000	147	259	1 768
新兴经济体***	2011	574	6 886	11 996
	2000	511	2 865	5 603
巴西	2011	197	2 414	12 276
	2000	170	596	3 494
	1981	130	288	2 217
最不发达国家 （LDC）	2011	851	698	821
	2000	661	181	274
	1981	298	65	218

数据来源：UNCTAD, *Handbook of International Trade and Development Statistics 1984*: Table 6-1 and Ibid. *2002*: Table 7-1; Ibid. *Handbook of Statistics 2012*.

注：*欧洲在1981年指"EEC（欧共体）+EFTA（欧洲自由联盟）+其他"，2000年及2011年指"欧盟+其他"。

**经济转型国家指前苏联各加盟共和国及东欧部分社会主义国家，包括亚美尼亚、阿塞拜疆、白俄罗斯、格鲁吉亚、哈萨克斯斯坦、吉尔吉斯斯坦、摩尔多瓦、俄罗斯、塔吉克斯坦、土库曼斯坦、乌克兰、乌兹别克斯坦、阿尔巴尼亚、波斯尼亚和黑塞哥维那、克罗地亚、黑山、塞尔维亚、马其顿等共计18个国家。

***新兴经济体指阿根廷、巴西、智利、墨西哥、秘鲁、马来西亚、中国台湾、韩国、新加坡、泰国等10个国家或地区。

图 1-1　世界主要国家或地区 GDP 增长率

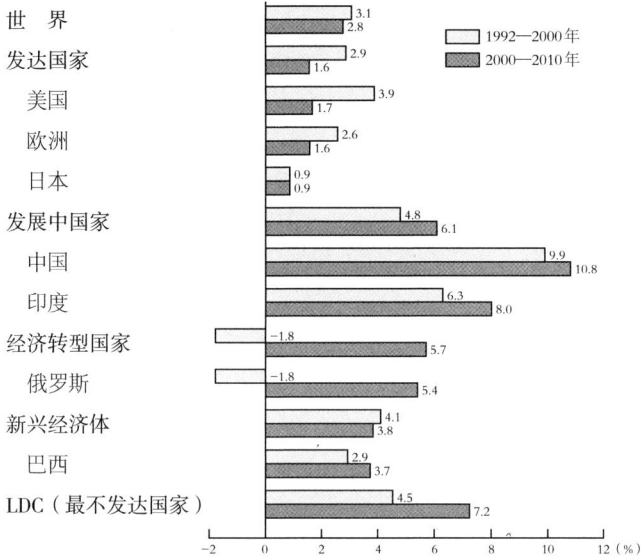

	1992—2000年	2000—2010年
世　界	3.1	2.8
发达国家	2.9	1.6
美国	3.9	1.7
欧洲	2.6	1.6
日本	0.9	0.9
发展中国家	4.8	6.1
中国	9.9	10.8
印度	6.3	8.0
经济转型国家	-1.8	5.7
俄罗斯	-1.8	5.4
新兴经济体	4.1	3.8
巴西	2.9	3.7
LDC（最不发达国家）	4.5	7.2

数据来源：同表 1-3

国家的近 4 倍。发展中国家当中，金砖国家（BRICS，巴西、俄罗斯、印度、中国、南非）的增长率尤其高，特别是中国，如果一直按照本图所示速度增长，中国 GDP 总额将会在 21 世纪 20 年代超过美国，成为世界第一。国际资金是产生这种现象的主要原因，其中包括向世界市场及邻近市场的出口、促进出口增长的跨国公司投资、全球工业化浪潮引发的能源价格上涨、为躲避发达国家危机而流入的对冲基金等。此外还有一个现象引人注目，即撒哈拉以南的非洲和最不发达国家（LDC，最穷国）的 GDP 增长率也比较高，这既与能源价格上涨和能源出口有关，同时也表明南方国家的区域市场也在工业化热潮之中活跃了起来。

接下来介绍经济全球化中贸易、投资以及国际货币体系。

第 2 章
世界贸易与各项协定

在还无法充分预测全球化和贸易自由化前景的情况下，面对南北对立日趋尖锐的现状，WTO目前正处于进退两难的境地。

贸易拉动经济腾飞

第二次世界大战结束以来，世界经济依靠贸易的拉动实现了增长。如表2-1所示，1950年全球贸易总额为607亿美元，1980年达到2万亿美元，2000年达到6万亿美元，2011年更是增至18万亿美元，几乎呈直线上升。贸易额的增加推动世界经济以年均3%～4%的速度增长。贸易额在这期间的大幅增加主要有以下几个原因。

第一，在对引发第二次世界大战的集团经济做出反省的基础上，西方阵营的主要国家建立起新的国际经济体系。以自由贸易和资本自由流动为支柱，包括关税及贸易总协定（General Agreement on Tariffs and Trade, GATT）和国际货币基金组织（IMF），以1944年西方主要国家在美国的布雷顿森林附近召开的会议上缔结的各项协定为基础，建立了布雷顿森林体系。

第二，乘着贸易自由化发展的大潮，发达国家之间的水平贸易，即经济发展水平相同的国家之间开展的贸易活动，主要是工业制成品的贸易，增加显著。这是GATT及WTO体制降低工业制成品关税所取得成果。

第三，20世纪70年代以来，流向发展中国家的对外投资急剧增加，这是由发展中国家向发达国家的出口增加引起的。联合国贸易和发展会议（UNCTAD）通过了普遍优惠制决议，发达国家承诺对从发展中国家进口的产品给予关税优惠待遇，此项制度也起了促进作用。

第四，20世纪80年代以来，欧洲共同市场的形成及欧盟的成立促进了欧洲域内贸易的增长。此外，随着发展中国家经济确立主权和工业化发展，南南贸易也在21世纪之后出现了大幅增加。

贸易对经济增长具有以下积极作用。

第一，出口超过进口能够为本国GDP带来海外补充购买力，有助于增加本国的财富。→GDP追加效应

第二，通过贸易，一些国家可以获得本国缺乏的生产要素（原材料、技术、劳动力），能够提高生产力水平。→生产要素的补充效果

第三，通过贸易可以为本国带来新的知识和刺激，提高生产动力。→模仿、创新效果

第四，特别是对处于发展初期的国家而言，他们国内市场有限，一般可以通过向国外出口来增加本国生产。→市场扩大效果

当然，贸易并不总是能够带来正面效果，有时也会给本国的经济增长和国民经济带来以下负面影响。

第一，如果进口总是高于出口，例如很多发展中国家和美国的情况，会导致贸易赤字及经常收支赤字，意味着本国GDP的购买力流向了国外供应商，不利

于财富积累。

第二，前文提到的一些国家可以通过贸易从其他国家获得本国缺少的生产要素，但对出口国家而言，将本国生产要素卖到国外则有可能导致资源流失和环境破坏。例如，南太平洋岛国瑙鲁由于长年大量出口海鸟粪便形成的磷矿石，导致大部分国土裸露出珊瑚礁，成为像月球一样的不毛之地。过惯了不劳而获的安逸生活的居民们也因此难以维生。现在该国的大多数居民已经移民澳大利亚，剩下的人们只能依靠外国援助度日。①

第三，国外廉价产品通过贸易流入国内，可能打击国内产业，使其破产，或者阻碍本国工业化进程。19世纪以来，针对自由贸易支持者的主张，贸易保护主义者一直坚持这一观点，并产生了在贸易论的发展进程中占重要地位的保护主义学派。

第四，由于精美的外国产品的演示效果会增加人们对进口品的消费，所以贸易的模仿效果在很多情况下反而也不利于资本的积累。

综上所述，贸易既有益处，也有弊端，对国民经济来说，发展贸易需要慎重地权衡利弊。当然，关于贸易是利还是弊，不同社会阶层对此也会持有不同意见。在17世纪的重商主义时代，英国就发生过通过自由贸易获取利益的商人阶级与提倡贸易保护的企业家阶层之间的政治斗争。

日本也存在同样的情况。在第二次世界大战之后的经济复兴时期，产业资本家最初需要贸易保护。但是随着经济高速增长时期的到来，日本产品的国际竞争力逐渐增强，他们转为支持贸易自由化。20世纪70年代之后，随着日本出口的

---

① Luc Folliet, Nauru, l'île dévastée : Comment la civilisation capitaliste a détruit le pays le plus riche du monde , Editions La Découverte, 2009.

急剧增长，日美之间开始出现贸易摩擦。而后，在陷入经济萧条期的日本加盟跨太平洋战略经济伙伴关系协议（TPP）的过程中，他们与奉行保护主义的农民阶级之间的利害关系的差异也彰显出来。

贸易的发展变化

从表2-1我们可以发现一些有趣现象。

首先，发达国家的贸易从20世纪50年代至1980年左右大幅增加。但从70年代中期开始，其增长速度开始减缓，而发展中国家，特别是亚洲各发展中国家的贸易则呈现出加速增长的态势。

从1980年到2000年期间，发达国家的出口贸易增加2.1倍，发展中国家平均增加2.5倍，其中亚洲各国增加了7倍。接下来进入21世纪之后，发展中国家的出口和经济增长态势均明显超过发达国家。从1980年到2011年期间，世界贸易总额增加了8倍，其中发达国家增加6倍以上，发展中国家的出口增加12.4倍，进口增加14倍，发展中国家的贸易开始加速发展。

19世纪的英国曾经是世界工厂，现在则是亚洲等地的发展中国家成了世界工厂。过去以出口为主的发展中国家，进口的增长速度开始逐渐超越出口。20国集团中的金砖国家（BRICS）和其他新兴经济体均通过工业制成品和资源的出口实现了高速增长。

日本到20世纪80年代之前一直以向美国和欧洲出口耐用消费品为主，70年代之后则通过向亚洲各发展中国家提供固定资产、零部件或各种消费品，确保了出口导向型的经济增长。然而进入21世纪以来，受到世界金融危机影响，日本经济曾一度陷入零增长状态，政治家提出通过加入FTA（详见后文介绍）和TPP等协议，通过参与亚洲经济的共同成长来实现经济复苏。

但是，亚洲的经济增长是一个历史过程，日本本身就在其中担任着自己的角色。面对其他亚洲国家，日本应该做的不是增加出口，而是开放市场、促进人才交流，在历史认识等方面与其他国家形成共同的世界观，除此之外别无他法。如果没有这些方面的努力，而只把亚洲各国当作实现本国经济增长的手段的话，日本将永远只能是亚洲发展的局外人。

表 2-1　世界贸易的增长

（单位：10亿美元）

		1950	1970	1980	1990	2000	2011	2011年与1980年之比
世界总计		60.7	313	2 031	3 483	6 338	18 211	〈9.0〉
发达国家	出口	37	224	1 297	2 491	4 059	9 598	〈7.4〉
	进口	41	235	1 431	2 612	4 384	10 418	〈7.3〉
美国	出口	10	43	226	394	781	1 480	〈6.5〉
	进口	9	40	257	517	1 259	2 266	〈8.8〉
欧洲	出口	20	136	815	1 598	2 383	6 466	〈7.9〉
	进口	25	148	913	1 651	2 354	6 487	〈7.1〉
日本	出口	0.8	19	130	288	479	823	〈6.3〉
	进口	1	19	141	235	380	854	〈6.1〉
发展中国家	出口	19	58	581	830	2 027	7 786	〈13.4〉
	进口	17	39	491	814	1 892	7 321	〈14.9〉
亚洲（东亚、东南亚及南亚）	出口	8	26	162	452	1 266	6 081	〈37.5〉
	进口	7	26	177	466	1 171	5 637	〈31.9〉
中国	出口	0.6	2.3	18	62	249	1 899	〈105.5〉
	进口	0.6	2.3	20	53	206	1 743	〈87.2〉
西亚	出口	1	11	203	138	251	1 143	〈56.3〉
	进口	1	7	94	108	189	788	〈83.8〉
经济转型国家（俄罗斯及东欧各国等）	出口	4	31	153	162	253	828	〈54.1〉
	进口	4	32	150	177	234	641	〈42.7〉

数据来源：本表根据UNCTAD, *Handbook of International Trade and Development Statistics*: Table 1-1; Ibid. *Handbook of Statistics 2012*: Table 8-2-1, 8-2-2制作。

注：最后一项〈〉内数字为2011年数据与1980年数据之比。

再看美国，大约从1980年开始，美国贸易赤字不断增大，一直处于进口高于出口的状态。这是由两个原因造成的：一是美国的跨国公司从20世纪60年代开始将生产基地转移到欧洲以及亚洲，其影响在此时开始显现出来；另一个原因是，80年代以后，美国主要依赖别国的廉价产品来满足本国消费需求，通过这种方式来维持较高的生活水平，其后果就是第4章介绍的双赤字。然而美国在世界经济中的这种特权地位并不会永远不变，从冷战时期到G8，再到G20，随着多元化时代的到来，霸权式的全球治理模式必将逐渐改变。

以上介绍的贸易发展过程与国际性贸易框架改革，即由GATT到WTO的变化密不可分，接下来就详细介绍这个问题。

GATT降低了关税，却对新课题束手无策

前文介绍了世界贸易在1947年成立的GATT框架内所取得的发展。第二次世界大战时成立的联合国对战后的世界秩序做了以下设想：消除集团经济，实现资本和贸易的自由化，在世界范围内形成开放性市场，建立国际货币基金组织（IMF）来促进资本自由化发展，建立国际贸易组织（International Trade Organization, ITO）推进贸易自由化的发展。

布雷顿森林会议确立了战后的金融体系，包括负责短期融资的国际货币基金组织和国际复兴开发银行（International Bank for Reconstruction and Development, IBRD, 通称为世界银行）。但是在国际贸易组织的设立问题上，由于美国国会担心对本国产业产生不利影响而拒绝批准，该组织没有作为国际机构，而是于1948年在瑞士日内瓦以各国之间的总协定的形式开始运行，该协定以各

国自愿参加为前提，拘束力较弱。

　　GATT 在 1995 年改为世界贸易组织（World Trade Organization, WTO）之前，总共进行了八轮关于降低关税的谈判。由于前五轮谈判（1947、1949、1951、1956、1960—1961）的参加国家较少，最少时 13 个国家，`最多时也只有 38 个国家参加，其影响有限。但是第六次的肯尼迪回合（1964—1967 年）和第七次的东京回合（1973—1979 年）分别有 62 个和 102 个国家参加，讨论和通过了对谈判商品进行一揽子减让关税的方式，关税削减取得长足进步。东京回合还开始讨论制定反倾销协定等国际贸易规则。

　　自 1968 年肯尼迪回合结束至东京回合结束后的 1980 年为止的 12 年间，发达国家的关税水平大幅下降。其中，美国的平均关税负担率（关税征收总额占进口总额的百分比）从 7.5% 降至 2.8%，日本从 7.1% 降至 2.5%，欧共体（现在的欧盟）从 6.1% 降至 3.1%。

　　随后，乌拉圭回合于 1986—1994 年召开，有 123 个国家参加，世界范围内的关税都得到了进一步削减。通过乌拉圭回合的漫长谈判，发展中国家的平均关税从 1985 年的 13% 降至 1995 年的 7%，到 2000 年则降至 5%。[①] 不过乌拉圭回合谈判期间，贸易自由化又出现了一些新的课题。

　　课题之一是各国的非关税壁垒问题日渐突出。关税水平虽然总体降低了，各国政府却开始采取进口限额和出口补贴等制度，借此扶助本国企业。

　　非关税壁垒（non-tariff barrier）指一国政府采取关税以外的手段，对进口品和国产品采取差别对待，限制进出口的政策。非关税壁垒在进口领域通过设定数量

---

① WTO, *World Trade Report 2003*: Chart 1B. 2.

限制措施，对规格及标准、认证及检查手续做出详细规定，达到控制进口的目的；在出口领域则实行有利于促进出口的金融、税收政策，对出口企业给予各种优惠待遇。20世纪80年代的日美经济摩擦中，最大的课题就是废除非关税壁垒的问题。

第二个课题，GATT谈判讨论的是传统产品、粮食、资源等能看得见的有形贸易(visible trade)的关税减让，而20世纪80年代以后，随着全球化的发展和对外投资不断增加，专利、知识产权、管理和技术人员服务，以及金融、保险、运输、旅游、电子通信等肉眼看不见的无形贸易（invisible trade）迅速增多。1985年，服务贸易额（3 740亿美元）占全球贸易总额（约1.9万亿美元）的19.3%，1990年这一比例增加至22.4%（大约3.5万亿美元的贸易总额中有7 800亿美元的服务贸易额），2000年为23%，一直保持稳步增长。同时值得留意的是，八成的服务出口属于发达国家的收入。

因此，无形的服务贸易的增加已经超出了GATT的讨论范围，需要新的管理机制。

WTO的闪亮登场和目前的困境

基于上述两个原因，各谈判国在乌拉圭回合中强烈意识到成立新贸易组织的必要。1995年1月，拥有128个成员（2013年增至159个）的WTO作为最新的联合国专门机构正式开始运作。

在继承了GATT关于货物的关税贸易协定的基础上，WTO还涵盖了服务贸易、知识产权、农业及纺织品等GATT未能充分涉及的领域，旨在实现更大范围的贸易自由化。WTO会议通过的决定适用于所有成员国，其约束力也比

GATT 有了飞跃性的提高。

另一方面，为了防止急剧的贸易自由化对各成员国经济带来负面影响，WTO 还制定了反倾销措施和保障措施。反倾销措施指如果 A 国以低于国内的价格出口商品，对别国的产业造成损害，别国可以向 A 国征收与差额相等的关税。保障措施指当进口产品激增，对 B 国产业造成严重损害，或有可能构成严重损害时，B 国可以临时提高关税限制进口。

此外，由于近些年来各种类型贸易激增，贸易争端也随之层出不穷，WTO 还提供了调停和解决争端的场所。

但是由于市民团体的强烈抗议，为准备 WTO 新一轮谈判而于 1999 年 11 月底在美国西海岸西雅图召开的第三次部长级会议未能实现预期目的。在抗议中，市民团体指责 WTO 推行的贸易自由化导致南北发展差距以及贫富差距在全球范围内扩大，使社会问题进一步恶化。

WTO 的新一轮谈判于 2001 年在卡塔尔首都多哈开始，共有 153 个国家参加。此轮谈判的正式名称为“多哈发展议程”，由于“回合”这种表达方式曾引起发展中国家抵触，“发展议程”的名称旨在体现这是为了实现发展中国家的发展而进行的贸易谈判之意。但是，由于发达国家坚持对本国农业实行补贴等扶持政策和关税保护政策，而发展中国家也要求对本国产业加以特殊保护，双方的利害冲突过于严重，2008 年之后谈判未能取得进展。

综上所述，WTO 作为新阶段解决日趋复杂化的世界贸易问题的国际机构，其成立本身是值得称赞的好事。但在还无法充分预测全球化和贸易自由化前景的情况下，面对南北对立日趋尖锐的现状，WTO 目前正处于进退两难的境地。因此，近几年来形形色色的区域主义发展壮大起来，特别是在贸易领域出现了自由贸易协定（Free Trade Agreement, FTA）和经济合作伙伴协定（Economic Partnership Agreement, EPA）等区域性协定。

区域性协定——为什么争相缔结FTA和EPA？

近年来，全球范围内出现了缔结FTA或EPA的潮流。

FTA指缔约国之间取消关税等贸易壁垒，促进商品或服务的自由交易。1957年根据《罗马条约》成立的欧洲经济共同体（EEC）是最早采用这种方式的。经济共同体只在成员国之间推行贸易自由化，对第三国设定统一的贸易壁垒。此外，经济共同体内部还会寻求资本、劳动力、服务等生产要素的自由流通，因此可以说是比FTA更先进的经济统一方式。

20世纪60年代以后，随着GATT推动贸易自由化不断发展，两国之间或区域内部的FTA往往被人们忽略。但1994年1月的北美自由贸易协定（NAFTA）规定美国和加拿大互相取消几乎所有关税，在10年之内取消与墨西哥之间的关税，此外还对招商引资优惠政策、政府采购产品或服务时的优惠以及知识产权保护等作了规定。北美自由贸易协定实施10年之后，美国与墨西哥的相互贸易迅猛发展，增速远远超过美国贸易整体水平。然而另一方面，美国农产品大量出口到墨西哥，导致墨西哥农业都集中到大型农场，中小规模农户逐渐脱离农业，很多人通过劳动移民（其中包含非法移民）进入美国，成了美国农业的主力军。[1]目前，有一成以上的墨西哥人生活在美国。

---

[1] Elizabeth Fitting, *The Struggle for Maize: Campesinos, Workers, and Transgenic Corn in the Mexican Countryside*, Duke University Press, 2011.

在1994年召开的第一届美洲国家首脑会议上，当时的美国总统克林顿提议将北美自由贸易协定扩大为美洲自由贸易区（FTA of Americas, FTAA）。但是，拉美国家由于反对美国经济支配的民族主义呼声高涨，于2011年12月成立了由中南美33个国家组成的拉美及加勒比国家共同体（CELAC），其成员国也包括一直被美洲国家组织（1951年在美国的主导下成立的美洲国家区域合作组织，Organization of American States, OAS）排除在外的古巴。因为这个没有美国参与的区域性经济合作组织，美洲自由贸易区的设想被束之高阁。中南美国家决定拒绝重蹈墨西哥的覆辙。

东南亚国家联盟（ASEAN）也于1993年签署了东盟自由贸易协定（AFTA），并根据该协定在2003年底之前将工业制成品的关税降到了0%～5%（发展较慢的越南、老挝、柬埔寨及缅甸放缓至2008年）。1976年东盟国家的区域内贸易额（出口额）占贸易总额的14%，2011年这一比例增至25%。

综上所述，FTA既可以成为区域经济统一的核心内容，也可以只以促进相关国家之间的贸易为缔结目的。如果WTO能够推动贸易自由化顺利发展，各国原本并不需要再缔结FTA。但20世纪90年代以来，各国开始通过各种形式缔结以FTA为主的区域合作协议，其主要理由如下。

第一，随着经济全球化的发展，国界形成的阻碍越来越小，更便于近邻国家之间形成更大的区域性市场。

第二，虽然看似矛盾，但经济全球化越发展，各国就越担心发生类似1997—1998年亚洲金融危机的情况，因此倾向于通过区域市场来避免本国经济被全球化所左右。

第三，随着WTO的各项谈判进展，在全体成员国很难达成共识的一些领域，相邻国家或者立场相似国家之间可以率先实现自由化，例如通过人员或服务的交流或金融领域的合作来获得自由化带来的具体利益。

第四，虽然WTO的自由贸易谈判陷入僵局，但发展中国家的工业化进程不断发展，因此发展中国家也开始关注如何扩大市场。

因此，一直以来深受全球主义和亲美主义之益的日本也于2002年与新加坡缔结了FTA，截至2014年3月，日本与东盟各国、墨西哥、智利、印度等缔结了13个FTA或EPA，还有与中国、韩国或欧盟等的10个协定处于谈判之中。

关键词　**FTA和EPA**

在日本与新加坡的FTA谈判当中，新加坡方面提出除了制成品及服务的贸易自由化之外，还应该促进人才移动（商业访问、人才培养、观光旅游及科学技术交流等），以及资本及信息流通等领域的合作，最终两国缔结了能够在更多领域合作的新时代经济合作伙伴协定（Agreement for a New Age Economic Partnership）。中国和印度分别与东盟缔结了全面经济伙伴关系协定（Comprehensive Economic Partnership Agreement, CEPA）。受其影响，日本于同年在印度尼西亚巴厘岛召开的日本与东盟首脑会议上就日本与东盟及其成员国之间缔结CEPA达成一致。根据该协定，日本自2008年起接受印度尼西亚、菲律宾、越南（自2014年起）的护士及护理师预备人员来日，而FTA无法实现类似人才交流。

RCEP和TPP，东亚今后将何去何从？

在东亚地区，目前有两个体系围绕贸易自由化问题展开了激烈的对抗。

其中一个是东盟加上中国、日本、韩国和澳大利亚、新西兰及印度等 16个国家的区域全面经济伙伴关系（Regional Comprehensive Economic Partnership, RCEP），另一个是美国推出的跨太平洋伙伴关系（TPP）。

关于东亚的区域合作方式，在2013—2014年阶段，中国主张"10+3"模式，即东亚自由贸易协定（EAFTA），而日本最近提出"10+6"模式，即东亚全面经济伙伴协定（CEPEA）。受中日关系及日韩关系影响，尚未实现东亚及东南亚各国共同参与谈判的EPA。

因此，东盟各国的有识之士于2011年11月提出了区域全面经济伙伴关系（RCEP）作为代替。东盟已经与中国、日本、韩国、澳大利亚和新西兰、印度分别缔结有5个FTA或EPA，因此RCEP的设想是将其扩展为一个统一的经济圈。将"10+3"的东亚自由贸易协定（EAFTA）与"10+6"合到一起就形成了RCEP。此外，中日韩三国也于2013年开始了FTA谈判。

此外，亚太经济合作组织（APEC）也设想在内部发展FTA（即FTAAP），但美国当时更为重视TPP谈判，FTAAP便成了RCEP和TPP生效之后才去考虑的课题。

TPP的前身是新加坡、新西兰、智利及文莱四国达成的跨太平洋战略经济合作协定（Trans-Pacific Strategic Economic Partnership, P4协定），该协定于2006年开始生效。2010年，美国、澳大利亚、秘鲁、越南、马来西亚五国参加谈判，2012—2013年期间又有墨西哥、加拿大、日本加入，目标是于2013年至2014年初达成一致。[①]

[①] 该谈判于2015年10月5日取得实质性突破，美国、日本和其他10个泛太平洋国家就TPP达成一致。——编者注

　　TPP谈判的目的是在亚太区域实现更高程度的自由化，缔结除了贸易领域，还包括非关税领域（投资、竞争、知识产权及政府采购等）、环境、劳动等新课题的全面协定。美国积极推进TPP取代P4的做法有其深层原因。自20世纪80年代日美经济摩擦以来，日美两国一直进行名为"日美经济合作对话"的谈判，但医疗器械、保险、食品及服务等领域的限制放宽却并未获得实质进展。美国希望在与APEC相关的场合实现政府限制缓和，制定出结构改革的区域及全球标准。在国家限制较多的亚洲形成贸易自由化和结构改革的统一标准，有利于在多元化时代渐趋式微的美国重新确立其在世界市场的主导权或霸权。

　　日本民主党政权2012年提出加入TPP，因为以下两个原因迫使日本需要用实际行动来迎合美国。一是因为鸠山由纪夫内阁提出普天间基地搬迁问题，导致日本与美国关系出现恶化；二是因为野田佳彦内阁试图将2030年放弃核电纳入长期能源计划，这也让美国很不满意。于是，安倍内阁在国内尚未充分讨论之前，就迫不及待地对盟主美国宣誓效忠，并向日本国内大型企业承诺能够确保亚太市场。因此，一些根本问题，比如在日本今后的发展过程中，农业、中小企业、地方经济等在自由化和结构改革的背景之下将如何定位等问题，则被完全忽略。日美两国同床异梦，其利害冲突导致TPP谈判于2014年初陷入僵局。

第 3 章

跨国公司，世界经济的拓荒者

跨国生产在给世界经济注入活力的同时，也会在投资国和被投资国内部引发各种复杂问题。

跨国公司为什么要在国外开展业务

跨国公司是促进经济全球化的重要力量之一。根据联合国跨国公司委员会的定义，跨国公司（Transnational Corporation, TNC）是指所有在两个或两个以上国家支配资产的公司。

跨国公司不仅在本国进行生产和销售，还通过向海外直接投资，在多个国家开展生产及各项业务。

跨国公司海外投资存量（stock）在1967年约为667亿美元，1990年增为约30倍的2万亿美元，2000年再增加3.5倍，达到约9万亿美元，到2012年已经增至24万亿美元，增速远远超过世界经济增长率。跨国公司产值一般相当于其海外资产（投资存量）的一半左右，因此2012年跨国公司产值占到了全球GDP总额70万亿美元的五分之一左右。进入21世纪以后，每年大约有6 000亿～10 000亿美元的巨额直接投资越过国境，流动性资金达到每天数万亿美元的规模，跨国公司对世界经济的影响不容小觑。

关键词 间接投资 直接投资

间接投资是投资者为对方提供融资获得利息收入，不以干预对方经营为目的。日本公司用盈利购买海外债券的行为就是间接投资。

直接投资以控制被投资企业为目的，为了在投资地设立工厂或办事处，跨越国境从事生产、销售以及采购原材料等业务，跨国公司通常需要掌管被投资企业的经营。根据 IMF 国际投资统计报告的定义，海外直接投资指跨国公司对子公司及相关企业以获取永久性权益为目的的国际投资。美国商务部将单个美国企业获得子公司股份的10%以上，或者多个企业获得子公司股份的25%以上的情况视为直接投资。

日本财务省在2005年以后参照 IMF 定义，将对子公司出资 3 000 万日元以上，且出资比例占到10%以上的情况视为"以获取永久权益为目的"的直接投资纳入相应统计。

表 3-1 全球对外直接投资（存量）

（单位：10亿美元）

	1990	2000	2012(%)
世界	2 092	8 926	23 593 (100)
发达国家	1 947	7 099	18 673 (79)
欧洲	886	3 775	11 193 (47)
北美	817	2 932	5 906 (25)
日本	201	278	1 054 (5)
发展中国家	145	905	4 459 (19)
东亚	49	552	2 243 (10)
东南亚	10	85	596 (3)

数据来源：UNCTAD, *World Investment Report 2013*: Annex Table 2.

　　20世纪80年代初期，世界主要跨国公司约有10 000家左右，其中95%以上来自发达国家。近些年来，跨国公司数量超过80 000家，发展中国家的跨国公司得到了迅猛发展。如表3-1所示，根据联合国贸易和发展会议（UNCTAD）报告，2012年对外直接投资存量约为24万亿美元，其中八成属于发达国家，发展中国家占有大约两成（俄罗斯等经济转型国家也占有部分份额）。

　　表3-1显示了投资存量在世界各国的分布。2012年，欧洲各国占47%，北美为25%，日本为5%，绝大部分发达国家对外投资分布在这三个国家或地区。不过发展中国家的对外投资也显著增长，东亚地区约占全球的十分之一。

　　对企业而言，在本国经营原本是最安全的，但他们却竞相开展跨国化业务。其原因要从跨国公司的历史说起才更容易理解。

　　跨国公司开始受到人们关注是在20世纪60年代中期，随着欧共体的发展，美国制造业企业开始向欧洲投资。70年代初，哈佛大学的经济学者雷蒙德·弗农（Raymond Vernon）出版了《主权困境》（*Sovereignty at Bay*）一书，首次使用产品生命周期（Product Life Cycle）理论解释了美国公司对欧洲的投资。如图3-1所示，产品生命周期理论认为，A国所开发的商品在A国有其固有的市场寿命，一旦需求饱和，销售将会减少，此时为了维持销售，同时也为了防止B国等其他国家出现仿冒产品，A国公司便开始在国外进行生产，由此开始新的产品生命周期。

图 3-1　产品生命周期理论（PLC）

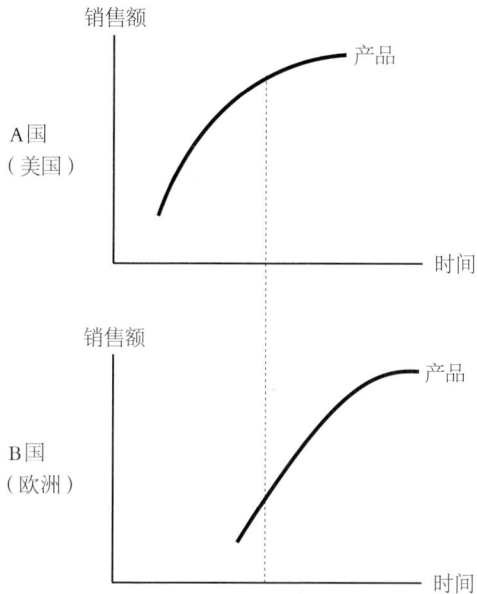

销售额

A 国
（美国）

产品

时间

销售额

B 国
（欧洲）

产品

时间

注：本图利用 PLC 理论来说明美国公司的对欧投资。也可以将 A 国视为日本，B 国视作东南亚国家或中国。但当前日本公司对亚洲国家的投资实际上是出于以下各目的的组合：（1）占领当地不断发展的市场；（2）成本动机；（3）防止仿冒产品；（4）该公司的区域性及全球性生产分工战略等。此外，应对亚洲国家在国际经济新秩序之下获得的发展也是一个重要动机。因此，直接投资多采用与当地企业合资经营的形式。

也就是说，最早用来解释海外直接投资的原因是生产企业为了维持产品销量。随着欧共体的统一，欧洲形成广阔市场，此时占领市场的目的很好地解释了美国公司进入欧洲的做法。这是跨国公司产生和发展的第一个原因。

不过，在殖民主义时代、第二次世界大战期间，以及第二次世界大战结束之后，主要能源和资源产业就已经为了开发石油等资源而进出西欧以外地区。被称为"七姐妹"的发达国家主要跨国石油公司在中东及其他发展中地区开发石油，转运至发达国家，从中获得了巨额利润。日本在经济高速增长期后期也开始注重以资源开发为目的的跨国投资，从20世纪60年代末开始制定国家项目，在海外设立子公司开发和进口资源。近些年来，伴随着发展中国家的发展热潮，中国等新兴经济体也开始为了寻求资源而涉足其他国家的资源开采产业。因此资源的开发及进口是跨国公司成立的第二个原因。

20世纪70年代以后，由于西欧和日本等也逐渐发展起来，美国公司开始将生产基地转移到亚洲国家。此举能够利用当地的廉价劳动力，降低生产成本，提高产品国际竞争力。在国外生产的商品被运回本国，因此也叫作离岸（offshore）生产。德国及其他欧洲公司对中东欧投资，日本公司对其他亚洲国家投资，也都是出于上述降低成本、利用廉价劳动力的动机。当然企业的这种做法也会减少国内投资，导致失业率上升，给本国生产带来不良影响，即空洞化效应。这成为跨国公司成立的第三个原因。

最后还有一个原因是NIEO型生产。NIEO是国际经济新秩序（New International Economic Order, 第7章）的英文缩写。1973年石油危机之后，发展中国家逐渐确立资源主权，开始尝试改变过去的国际分工体系，提出建立国际经济新秩序。NIEO型生产是指借此机会在发展中国家加工和发展当地资源的投资行为。NIEO型生产的产品既可以出口到海外或者邻国，也可以以发展中国家本地市场为对象。

如今，大部分跨国公司的对外投资都可以通过这四个原因中的一个或几个来说明。

近些年来，很多跨国公司综合上述四种动机，在全球范围内展开分工，采用投资和贸易相结合的形式进行跨国生产，以创造出更多的附加价值。图3-2显示了这种被称作全球价值链（Global Value Chain, GVC）的现象。

图 3-2　全球价值链

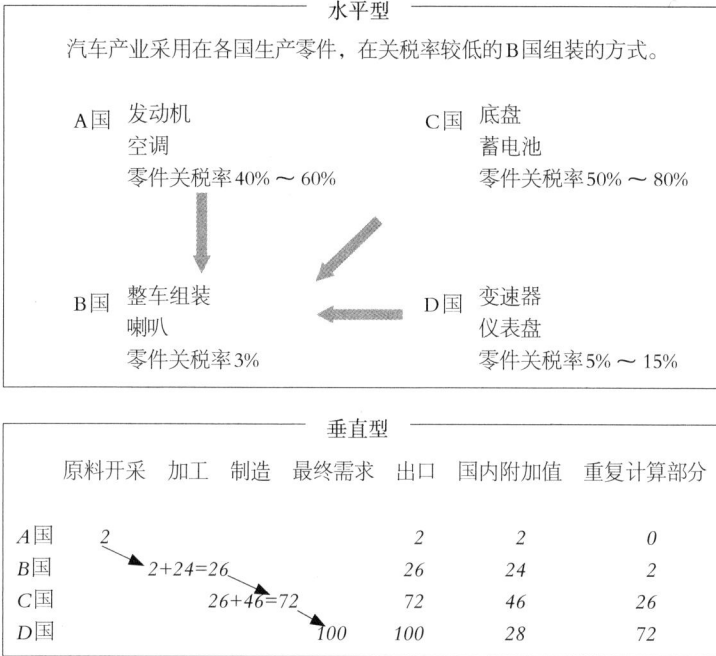

水平型

汽车产业采用在各国生产零件，在关税率较低的B国组装的方式。

A国　发动机
空调
零件关税率40% ～ 60%

C国　底盘
蓄电池
零件关税率50% ～ 80%

B国　整车组装
喇叭
零件关税率3%

D国　变速器
仪表盘
零件关税率5% ～ 15%

垂直型

	原料开采	加工	制造	最终需求	出口	国内附加值	重复计算部分
A国	2				2	2	0
B国		2+24=26			26	24	2
C国			26+46=72		72	46	26
D国				100	100	28	72

数据来源：本图根据UNCTAD, *World Investment Report 2013* 制作。

全球价值链分为水平型和垂直型。以汽车产业为例，水平型全球价值链是指某家公司在A国生产发动机和空调，在C国生产底盘和蓄电池，在D国生产变速器和仪表盘等，最终将这些零部件运到关税较低的B国组装后出口。

垂直型全球价值链是指，将在A国开采出来的原材料运往B国，生产出具有附加价值的中间产品，再将该中间产品运往C国，加工成为最终产品。最终产品的市场可以遍布全世界。这些方式均需越过国界争夺全球市场，因此有助于形成最高效的流程及业务分工体系。

对投资接受国来说，参与国际分工需要协调发展其投资和贸易政策。此外，如果一个国家只负责生产某种特定产品，则不利于其发展研发事业或技术集约型产品，因此也需要慎重考虑此类生产分工。

总而言之，企业过去在本国国内从事的利润最大化生产和销售，如今扩展成了涵盖全球范围的生产网络，因此跨国公司的全球价值链生产需要制定出相应的全球战略。另一方面，投资接受国也需要综合平衡本国的发展战略和跨国公司的全球战略，在此基础上制定本国的投资贸易政策及税收制度等。

接下来介绍跨国公司的概况。

对外投资和对内投资的来源与去向

全球对外直接投资的平均年度流量在20世纪90年代前半叶约为2 806亿美元，2000年增为1.2万亿美元，2012年增为1.4万亿美元，投资流量在近十几年内迅速增加4倍（表3-2）。

表3-2显示了投资国的多元化趋势。

表 3-2　世界各国或地区的对外直接投资（流量）

（单位：10亿美元）

	1991—1996年平均	2000年	2012年（%）
世界	280.6	1 200.8	1 391.0 (100)
发达国家	240.6	1 097.8	909.4 (65.4)
北美	75.2	189.3	382.8 (27.5)
欧洲	140.1	872.4	323.1 (23.2)
日本	20.9	31.6	122.6 (8.8)
发展中国家	39.4	99.1	481.6 (34.6)
东亚及东南亚	31.6	84.1	274.8 (19.8)
中国及中国香港	19.5	60.9	168.2 (12.1)
经济转型国家	0.5	3.9	55.0 (4.0)
俄罗斯	n.a.	n.a.	51.1 (3.7)

数据来源：UNCTAD, *World Investment Report 2003*: Annex Table B.2; Ibid., *World Investment Report 2013*: Annex Table 1.

通过对比近些年的对外投资数据可以看出，虽然发达国家仍占65%的比例，但发展中国家及经济转型国家的比重已经升至近40%。发展中国家逐渐发展成为海外投资参与者。

此外，发达国家也出现了显著的投资国多元化现象。20世纪70年代至80年代，绝大部分投资来自美国大型企业，而2012年北美占28%，欧洲占23%，日本占了8.8%。美国公司与欧洲公司之间频繁并购（M&A），产生了很多的名副其实的跨国公司，一定要为它们贴上国籍或者区域标签的做法可能并不明智。但随着欧洲一体化的进一步发展，欧洲企业之间的相互投资、合并和收购日益增多，发达国家的投资多元化已经成为定势。

21世纪以后，海外投资浪潮分别在2001—2002年、2007—2009年发生过两次大幅下降。

海外投资第一次陷入低谷受到多种因素的影响，包括2001年IT泡沫崩溃、"9·11事件"、对其后的阿富汗战争及伊拉克战争的担忧，以及"安然事件"等企业财务造假丑闻所引发的不信任等。第二个时期是房屋次贷危机和金融危机导致了直接投资的减少。在这两个低谷时期，全球对外直接投资流量降到了每年6 000亿～7 000亿美元的水平。不过2011年以后，投资流量开始恢复，目前维持在年均1万亿～2万亿美元左右。

关键词　**跨国公司财务丑闻以及奥林巴斯财务丑闻**

序章介绍了2001-2002年安然、世通两大巨型跨国公司破产，宣告了美国IT泡沫时代的终结。该事件暴露出跨国公司的财务不透明性问题。日本也发生过同样问题。2011年，奥林巴斯公司通过假账隐瞒10多年来的巨额亏损的事件被曝光，当时的管理者被判决有罪，公司支付了7亿日元的罚款。此外，该公司还通过与英国子公司的转移定价交易瞒报利润，日本国税局指出该公司5年期间共有103亿日元利润未做申报，责令其缴纳补征税款。(《每日新闻》2013年8月22日)

以上考察了投资国的地理分布，下面再来看投资对象国的地理分布情况（表3-3）。

从表3-3可以看出，2012年跨国公司投资的对象国有四成是发达国家，五成以上是发展中国家，这跟1990年、2000年形成鲜明对比。

截至2000年，跨国公司在全球范围的投资有八成都是发达国家间的相互投资。但2012年发达国家接受投资的比例大幅降低，发展中国家占了更大比例。特别是亚洲地区接受的投资占全球投资的三成，占对发展中国家投资的六成。

表3-3 全球对外直接投资的对象国及地区（流量）

（单位：10亿美元）

	1990年（%）	2000年（%）	2012年（%）
世界	207.4（100）	1 413.2（100）	1 350.9（100）
发达国家	172.5（83.2）	1 141.6（80.8）	560.7（41.5）
欧洲	97.3	701.8	275.6
北美	56.0	380.8	167.6
日本	1.8	8.3	1.7
发展中国家	34.8（16.8）	264.5（18.7）	702.8（52.0）
撒哈拉以南非洲	1.7	6.4	38.5
亚洲	22.7	156.6	406.8（30.1）
东亚	8.8	125.5	214.8
中国	3.5	40.7	121.1
东南亚	12.8	22.6	111.3
南亚（印度）	0.2	3.6	25.5
中南美洲	8.9	98.1	210.7
俄罗斯	—	2.7	51.4（3.8）

数据来源：UNCTAD, *World Investment Report 2003*: Annex Table B.1; Ibid., *2013*: Annex Table 1.

2012年排名前100名的跨国公司总资产约为12.8万亿美元，其中海外直接投资的资产总额约占六成，为7.7万亿美元，占所有跨国公司总资产的三分之一。这些资产创造出了985万个就业岗位以及5.6万亿美元的营业额，占所有跨国公司营业总额的一半。可见巨型跨国公司的垄断程度很高。这些100强企业的国内外生产总值高达8.7亿美元，相当全球GDP总量的12%以上。[①]

美国《财富》杂志2012年公布的世界500强企业排行榜中，第一名至第五名分别为荷兰皇家壳牌石油公司、沃尔玛、埃克森美孚、英国石油公司（BP）、中国石油化工集团，营业额均在3 700亿～4 800亿美元左右。这其中任意一家公司的经济实力都超过马来西亚或者中国香港，五家营业额合计则超过撒哈拉以南非洲所有国家的GDP。排名前50名的企业当中，也包括丰田、日本邮政、NTT、日立、日产等日本公司，这些企业的营业额也高达1 000亿～2 000亿美元，超过一般中小国家的GDP水平。

跨国公司的海外扩张过去主要采用独资或者与当地企业合资设立子公司的形式。但20世纪80年代以后的自由化浪潮当中又出现了两个新的扩张方式。

一种方式是巨型跨国公司之间在特定领域签署合作协议，共同研发或者开发新产品，也叫部分合作方式。比如丰田汽车和通用汽车（GM）在加利福尼亚州费利蒙市设立的合资公司新联合汽车制造公司（New United Motor Manufacturing, NUMMI）。通过该合作，通用汽车可以吸收和借鉴丰田的柔性化经营及生产方式，而丰田则可以向通用汽车学习美国市场上的制造和销售经验。

---

① *World Investment Report 2013*, Table 1-4.

表 3-4　全球跨国并购情况

(2012年)

	被并购方（国家或地区）		并购方（国家或地区）	
	（10亿美元）	件数	（10亿美元）	件数
世界	695.5	8 683	695.5	8 683
北美	194.4	1 615	198.9	2 374
欧盟27国	245.6	3 182	201.4	3 229
日本	13.6	129	50.6	485
东亚及东南亚	52.9	962	105.0	1 012
中国	15.4	300	39.8	228
中国香港及中国台湾	12.2	122	26.2	267
东盟	21.6	441	30.4	429

数据来源：日本贸易振兴机构《ジェトロ貿易投資報告2013年版》，資料統計，表7.

另一种方式是通过兼并与收购（Merger & Acquisition）来获得生产设备，叫作跨国并购方式。20世纪80年代后期以后，跨国并购发展迅速，1990年交易额为1 500亿美元，2000年竟已达到11 140亿美元。

其后受发达国家经济危机的影响，并购金额有所下降，但在2012年又回复到了7 000亿美元的水平。此外，单笔并购额在10亿美元以上的大额并购在1987—1995年期间平均每年约19件，在1996—2000年期间为388件，进入21世纪以来增为年平均数百件。2013年日本软银公司以216亿美元的价格收购了美国电信巨头斯普林特Nextel公司（Sprint Nextel），成为当时的热门话题。

汽车产业曾为日本经济增长做出巨大贡献，如今也有很多公司加入外资伞下，或者与外资进行业务合作。例如继1998年美国福特汽车公司控股马自达汽车之后，法国雷诺汽车与日产汽车资本合作，通用汽车参与铃木汽车及富士重工经营(后来两家公司均与通用汽车公司解除合作关系,铃木与大众汽车展开合作)，德国的戴姆勒奔驰公司与日产柴油汽车公司合作，三菱汽车公司商用车部门加入戴姆勒集团公司等。2009年通用汽车破产重组后，丰田解除了同该公司的合作，于2012年与BMW公司就节能汽车的电池业务展开合作。另外，为了瞄准中国市场，日本公司与中国本土汽车公司的合资公司也大幅增多。在跨国生产时代，日本的核心制造业也发生了巨大改变。

上述情况都体现了经济全球化时代，跨国公司在全球范围内展开的超竞争。日本各银行之间不断合并重组，也是为了在解决不良资产问题的同时，应对这种全球化竞争。

关键词　**日本银行业重组**

1999—2001年期间，日本的主要银行重组为若干个金融集团。其中第一劝业银行、富士银行和日本兴业银行合并为瑞穗金融集团（Mizuho Financial Group），三和银行、东海银行、东洋信托银行合并为UFJ银行，东京三菱银行、三菱信托银行、日本信托银行合并成三菱东京金融集团（Mitsubishi Tokyo Financial Group），樱花银行（三井派系）和住友银行合并成立三井住友银行（Mitsui Sumitomo Banking Corporation）。2003年，朝日银行和大和银行合并成立理索纳银行（Resona Bank）。2005年三菱东京金融财团又并购UFJ银行，产生了总资产世界第一的三菱UFJ金融集团（Mitsubishi UFJ Financial Group）。三菱UFJ金融集团、瑞穗金融集团及三井住友金融集团并称为日本三大银行。

保险行业也出现了同样的动向。这一时期，日本火灾保险同兴亚火灾保险合并为日本兴亚损保，住友海上保险和三井海上保险合并为三井住友海上保险，安田火灾保险和日产火灾保险及大成火灾保险合并为损害保险JAPAN，大同生命和太阳生命合并为T&D保险集团等。

值得注意的是，在流向发展中国家的资金大潮中，政府开发援助（ODA）的比重逐渐减少，民间资本的注入显著增加（第9章）。

1994—1995年期间，ODA在发达国家流入发展中国家的资金流量中约占35%，到了2010年，这一比例降至26%。同时，包括直接及间接投资、出口信用（在出口产品服务时，向发展中国家提供的贷款）、NGO捐赠在内的民间资金共计3 600亿美元，达到ODA金额的3倍。民间资金中，直接投资为1 641亿美元，间接投资为1 383亿美元，均超过了ODA的1 285亿美元。跨国公司过去一直以发达国家市场为中心开展业务，而今后将会进一步向发展中国家，特别是新兴经济体发展。因此可以预测，在发展中国家里，投资较为集中的大城市或能源产地与其他地区及农村之间的差距也会继续拉大。

由于跨国公司会对国民经济和国民生活产生巨大影响，近些年来跨国公司的社会责任问题也越来越受到关注。

跨国公司的企业社会责任（CSR）

企业的跨国生产在给世界经济注入活力的同时，也会在投资国和被投资国内部引发各种复杂问题。

首先对于跨国公司的母国而言，对外投资可以带来投资收益、廉价产品或资源，所以政府会采取相应措施来刺激投资，如提供信息，低息融资以及避免双重征税（即防止同一笔投资在母国和投资对象国被重复征税）等。

但是，有的跨国公司会将投资收益放在税收极低的国际避税港（tax heaven）的事务所，借此规避在母国纳税。此外，还有的跨国公司会在母公司和子公司之间进行价格操作，通过转移价格使利润集中到税率较低的国家。比如日本的豪雅光学公司（HOYA）在2007年至2011年期间，将公司总部的收入转记到东南亚子公司账上，被日本政府国税厅查出多达200亿日元的逃税。反过来，如果子公司提高从母公司进口原材料或零部件的价格，也可以达到在子公司所在国减少利润以规避纳税的目的。

图3-2介绍的全球价值链生产方式一方面可以越过国境扩大生产网络，另一方面也可能会帮助跨国公司规避投资国或对象国的税收制度，或者按照总社要求仅从特定国家采购某些零部件或中间产品，或者限定子公司的出口对象国等。这些做法称为限制性商业行为（Restrictive Business Practices, RBP），是很多国家法律所不允许的。

跨国公司的活动还会影响到国家的财政金融政策。即使国家采取了金融紧缩政策，如果跨国公司注入大量资金，就会导致货币发行量的增加。相反，即使国家采取了金融缓和政策，如果跨国公司大幅撤资，仍会使该国外汇储备吃紧，导致汇率下跌、物价上涨，金融缓和政策失效。

近年来，专门从事跨国资金运作的对冲基金，通过预测利率或汇率变动操纵数目庞大的资金，对一些国家的财政金融政策或外汇政策造成不利影响的事例屡见不鲜。

欧盟在欧元之前的欧洲货币体系（EMS）时代，采用的是蛇形浮动汇率机制（ERM），但风险投资家的攻击使汇率大幅波动（1992—1993），各成员国疲于防备。1997—1998年的亚洲金融危机中，泰铢、马来西亚林吉特、印度尼西亚盾，以及韩元接连受创，贬值40%～70%，这些国家不得不从国际金融业借入巨额资金。

2007—2009年的次贷危机、雷曼破产事件背后，都存在对冲基金从金融市场提取巨额资金，加剧金融机构危机的因素。后来的欧债危机也由于对冲基金大量抛售希腊、西班牙等国国债，导致国债价格下跌、利率暴涨，使危机愈发严重。

（关键词） **对冲基金（Hedge Fund）**

20世纪80年代以来，随着美国放宽金融管制，对冲基金作为一种高风险、高回报的投资方式开始受到关注。对冲基金的最初含义是"规避风险"，其投资的对象除了股票、债券等传统商品，还包括外汇、初级产品、不动产、金融衍生品（为了避免价格变动导致股票或商品等交易蒙受损失而开发的商品）等各种非传统对象。对冲基金的特征是通过电脑反复进行短期买卖，获得投机性收益。当前世界上的对冲基金数以千计，其代表者包括亚洲金融危机始作俑者乔治·索罗斯所创立的量子基金（Quantum Fund），以及诺贝尔经济学奖获得者们所创立运营、最后破产的长期资本管理公司（Long-Term Capital Management L.P., LTCM）等。对冲基金动辄操纵数十亿美元资金，一天之内运作的资金总额能高达1 000亿美元，一般采用个人出资组合的形式，几乎没有信息公开。

因此，2009年召开的伦敦20国峰会要求经济合作与发展组织（OECD）采取相关措施，对对冲基金进行监视、规范，增加其透明性。此外，2013年1月欧盟委员会决定设立金融交易税，以期提高国际金融交易透明度。

这些政策的产生也是近年来欧美的拒绝削减福利运动不断发展的结果。拒绝削减福利运动反对政府在面临财政危机时首先削减社会保障开支的一向做法，主张向跨国公司征税来充当社会福利的财源。

（关键词）　**金融交易税**（Financial Transaction Tax，FTT）

众所周知，近些年来世界经济的动荡不安与国际流动性的投机性变动有着密切关系。

早在20世纪70年代，曾获得诺贝尔经济学奖的美国经济学家詹姆斯·托宾（James Tobin）就提出为了限制以投机为目的的短期外汇交易征收小额交易税，即托宾税。但是关于是否应该限制国际外汇交易，当时存在赞成和反对的两种声音。而且交易税如果不是所有国家一致征收，将会导致资本流向不征税国家，所以一直没有实现。

进入21世纪以来，联合国提出千年发展目标（MDGs, 第9章），并探讨通过革新性融资机制确保其资金来源。2006年，法国、巴西、挪威、英国和智利五国设立了国际团结税（International Solidarity Levy, ISL）。国际团结税通过向在上述国家起飞和降落的航班征税（1～40美元），将其作为原始资金，成立了联合国MDGs中负责传染性疾病治疗的联合国援助国际药品采购机制（UNITAID）。根据2012年UNITAID的报告，该机制成立以后，又有韩国、西班牙等国相继加盟，目前成员共有28个国家和一个独立财团。虽然与托宾税的主旨不同，但从着眼于为了解决全球化问题而进行国际征税这一点来看，国际团结税的措施也可以看作是向着金融交易税迈出的一步。

在经历亚洲金融危机、美国次贷危机以及欧债危机之后，对国际金融交易的监管成为世界各国的关注焦点，2012年底，欧盟委员会提出对所有金融商品、金融衍生品征收交易税的倡议。法国自2012年8月起对上市股票交易征收相应金额的交易税，匈牙利也宣布从2013年开始导入金融交易税。今后，金融交易税作为监管国际资金移动的国际统一行动方式登上舞台已经成为定势。

劳动力与环境问题决定了跨国公司能走多远

跨国公司的活动与劳动力和环境问题也密切相关。

跨国公司为投资对象国带来了技术、就业机会和外汇资源，在对象国往往处于优势地位，因此也时有使用童工、超时劳动等违背国际劳工标准的情况出现。此外，还有的跨国公司在可能发生争端时会以关闭工厂或撤资作为威胁，对工会等劳工联合组织施加压力。

关键词　**国际劳工标准（International Labor Standard）**

国际劳工标准就是国际劳工组织（ILO）条约和建议书所规定的基本劳动条件。国际劳工组织的核心标准包括：①禁止强迫和强制劳动；②结社自由；③消除就业与职业歧视；④禁止童工劳动。近些年来，有些跨国公司无视劳工标准，将依靠发展中国家的廉价劳动力生产出来的产品低价出口到发达国家。对此，欧盟各国指责这属于不公平贸易，对劳动者不利，在WTO会议上号召跨国公司遵守国际劳工标准的规定。

跨国公司规模巨大，与当地公司相比，更容易成为产生公害的原因。前文提到的在当地的优势地位也使跨国公司更容易对公害问题视而不见，造成当地的环境破坏。日本环境会议出版的《亚洲环境白皮书》（2011—2012年版）详细报道了日本公司在马来西亚、印度尼西亚等东南亚国家造成的公害问题。

针对跨国公司的活动给国家主权、劳动者权益以及环境问题带来的负面影响，OECD 早在 1976 年就制定了《跨国公司行为准则》，并于 2011 年做了第五次修订。为了敦促跨国公司成为市民社会的优秀成员，该行为准则规定了以下要求：防止向投资对象国公务员行贿、保障消费者的健康和安全、确立信息公开等良好的企业治理模式、尊重人权和环境、提供人才培养和培训的机会、尊重劳动者及工作人员的权利、技术转移、遵守竞争及税收制度等。

20 世纪 70 年代初，日本对东南亚国家的投资急剧增长时期，印度尼西亚、马来西亚等国曾经爆发反日运动。为此，相关公司于 1973 年成立了日本在外企业协会，制定《海外投资行为准则》作为行为标准。该行为准则最初主要规定了在发展中国家开展业务的企业道德，随着 80 年代对欧美国家投资的增加，于 1987 年做了修订，将发达国家也纳入视野。

其内容包括：尊重当地公司的主体性地位、增加雇佣当地劳动者、加强员工教育和培训、为海外派遣人员提供必要的培训和基本生活条件、配合投资对象国产业发展、促进技术转移、对当地进行再投资、习惯和融入投资对象国社会、优先考虑教育和环境，并对上述事项加强宣传等。

行为准则虽然不具备强制约束力，但仍是投资方努力探索的成果，有助于其投资被当地社会所接受。

如今，市民社会也开始要求企业承担社会责任（Corporation Social Responsibility, CSR）。CSR 是指企业通过提高公司治理透明度、增加就业机会、对消费者负责以及保护环境等行为，向社会证明自己是优秀的企业公民。CSR 概念最早于 20 世纪 90 年代出现在英国，后来扩展到了欧洲和美国。如今，评价企业优劣已经不能只看经济效益，还要评价其对环境和社会所做的贡献大小。

在此基础之上，社会责任投资（Socially Responsible Investment, SRI）也开始在投资基金中得到推崇。这种投资方式认为，如今那些注重对环境和市民社会贡献的企业会更多地得到消费者的认同，收益也更高。投资基金选择把资金投向社会责任（SR）做得好的企业，因此这类企业也更容易筹集到资金。

在泡沫经济末期，日本财界与政界相互勾结，行贿、贪污事件层出不穷，接连发生了里库路特事件、佐川急便事件、野村证券事件等多个丑闻。[1]对此，日本经济团体联合会于1991年制定了《企业行动宪章》，到2010年为止做了数次修订。该宪章主要包括10项内容，如为消费者提供值得信赖的安全产品；基于公正透明的原则公开企业信息；保护环境；尊重员工的人格和个性；加强企业的社会贡献；尊重国际标准及投资对象国的文化和习惯等，标志着一直以来只对政府部门唯命是从的日本大公司也不得不重视国际社会标准，开始关注市民社会、消费者和员工。20世纪80至90年代期间，日本大企业在美国因为性别歧视、性骚扰或职权骚扰、种族歧视等被起诉的事件屡见不鲜，这些在投资对象国引发类似纠纷的企业未来发展前景堪忧。

企业道德离开了市民、消费者和员工的监督终究只是画饼充饥。在公司并购和海外收购日益发展的今天，日本也需要更多的市民活动来督促企业履行社会责任。

---

[1] 里库路特事件：日本综合信息公司里库路特（RECRUIT）会长江副浩正向政界要人、政府官员及通信行业要人赠送其不动产事业子公司里库路特Cosmos未上市股票等贿赂事件；佐川急便事件：日本自民党副总裁金丸信接受快递公司佐川急便5亿日元贿赂的丑闻；野村证券事件：野村证券公司非法招待日本政府大藏省官员的丑闻。——译者注

第4章

美元的霸权与新型货币的崛起

金钱归根结底只不过是社会关系的表象，而不是实体，习惯了以钱生钱的赌场经济，最终只会导致经济泡沫的崩溃。

国际货币（international currency）一般指国家之间进行交易结算时所使用的货币。一个国家与其他国家交换货币时需要根据各自的购买力设定一定的换算比例，也就是汇率。通过设定汇率，可以便于满足其他国家对该货币的需求，使该货币在国际上实现交易。

从理论上来说，国际货币是指某个国家生产力水平很高，其他国家对该国商品和服务具有大量需求，使该国货币成为国际交易的媒介和结算货币，既可以作为保值手段，又能作为国际通用的价值尺度，也被称为关键货币（key currency）。国际货币体系指以关键货币为核心，为了促进贸易发展和资金流动，调节国际收支，保障金融市场正常运作而制定的原则、规定以及为此设立的相关组织。

因此现代国际货币体系总是以在世界市场上具有领先经济实力的国家的货币为核心。国际货币体系的变化体现了关键货币国家经济实力的变化。第二次世界大战以后美元对日元汇率的变化能够清楚地说明这一点。

日元对美元的汇率变化

21世纪初期，国际货币体系处于过渡时期。在20世纪后半叶以来的美元本位体系之中，新的货币体系正在酝酿形成。

第二次世界大战之后，在经济实力上占有绝对优势的美国通过布雷顿森林体系（第2章），确立了以金汇兑本位制为基础的国际货币体系。

虽然金汇兑本位制表面上采用了在国际货币体系中居主流的金本位制形式，但实际上却是依靠美国的强大经济实力以及雄厚的黄金储备量，规定1盎司黄金=35美元的兑换比例。美国承诺随时可以将美元兑换成黄金，由此确立了美元的关键货币地位。金汇兑本位制也可以说是黄金及美元本位制。

第二次世界大战结束不久，日元在盟军占领期间设定了1美元=360日元的固定汇率（第二次世界大战之前曾经长期维持1美元=2日元的汇率），一直持续到20世纪70年代初期。

但是经过经济高速增长时期的发展，日本的经济实力得到了飞跃式提高，对美贸易从20世纪60年代开始出现盈余，60年代后半期以后，除了贸易领域，经常收支也出现盈余，并且日益扩大。同一时期，欧洲经济共同体（EEC）于1967—1968年完成市场统一，欧共体（EC）成立，欧共体在世界上的发言权进一步增强。而美国此时不仅贸易收支持续出现赤字，越南战争和跨国公司对欧洲的投资也使海外支出急剧增加。美国处于美元持续流失状态，最终其他各国持有的美元超出了美国黄金储备所能兑换的约700亿美元总额。这样，一直保障了美元价值的美元与黄金的可兑换性便不复存在了。

最终，美国总统尼克松于1971年8月宣布停止美元兑换黄金，即尼克松冲击。同年12月在华盛顿召开的主要资本主义国家会议上，各国协商同意美元贬值（美元兑日元汇率下跌16.88个百分点，变为1美元=308日元），并扩大汇率变动幅度。1973年以后各主要国家开始采取浮动汇率制。

（关键词）　**浮动汇率制（floating exchange rate system）**

固定汇率制是指相关国家将本国货币与黄金或关键货币挂钩，保持固定的汇率。浮动汇率制则是由各国货币在市场上的供给和需求情况决定汇率。1971年12月在华盛顿史密森学会大厦召开的发达国家十国财政部长会议决定美元贬值7.89%，从1盎司黄金兑换35美元改为1盎司黄金兑换38美元，并扩大了各国货币与美元的汇率浮动幅度，变为可浮动上下2.25%。但美国的国际收支赤字并未因此而得到改善，各国自1973年起全面实行浮动汇率制。浮动汇率制在1976年牙买加首都金斯顿召开的国际货币基金组织临时委员会上得到认可，各主要国家可以自由决定采取固定汇率制还是浮动汇率制。

图4-1是尼克松冲击之后日元兑美元的汇率每隔几年的变化走势图。从该图可以看出，除了石油危机前后以及1983—1984年期间的日元贬值之外，日元一直呈升值趋势。这也反映了日美两国这一时期经济实力的相对变化。

在1971年史密森会议调整汇率之后，日元于1972年升值到1美元兑换265日元，但在1973年石油危机后降至1美元兑换300日元的水平。其后，在1980年前后恢复到1美元兑换226日元，但在1981—1982年第二次石油危机时再次贬值至1美元兑换250日元水平。由此可见，石油就是日本经济的阿喀琉斯之踵。

图 4-1 美元日元汇率走势图

(1972—2014年)

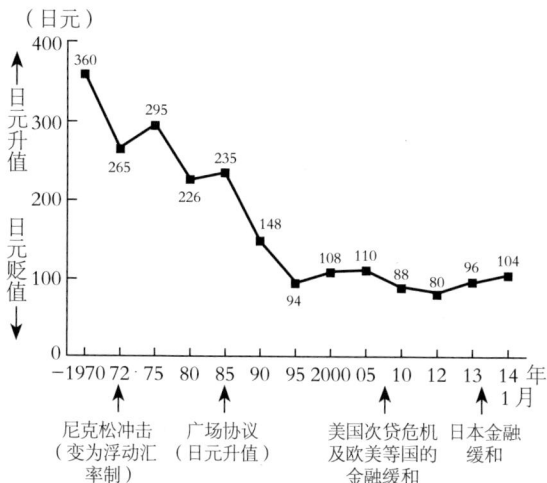

注：汇率数值为当年月平均汇率的平均值。本图出于简化考虑，没有详细表示第二次石油危机及
　　2006—2007年美国次贷危机时的汇率波动。
数据来源：本图根据财务省财务综合政策研究所《财政金融统计月报》制作。

　　日元贬值时，日本对美国出口大幅增加，导致日美贸易摩擦激化。这正是
"日本第一"的时代（"日本第一"是美国经济学家傅高义著作的名称）。[①]当时
美国为了缓解财政和贸易双赤字的困境，于1985年提议由发达国家五国财政部
长、央行行长在纽约广场饭店召开会议。为了降低美元汇率，日本、英国、德国、
法国分别配合美国进行市场干预，将本国货币兑美元汇率提高10%～15%。因
此日元在20世纪80年代后半叶不断升值，到1990年达到1美元兑换140日元
的水平。

　　由于担忧日元升值会打击国内的出口导向型产业，日本政府采取了大幅度的
金融缓和政策，其结果就是泡沫经济的产生。因为国内流动性过剩，大量资金被

[①] Ezra F. Vogel, *Japan as Number One: Lessons for America*, Cambridge: Harvard University Press, 1979.

投放到土地和股票市场，导致土地和股票价格狂飙。

泡沫经济在1992年以后崩溃，但日元升值的趋势却并没有停止，1995年甚至全年都达到1美元兑换94日元的水平，最高月份为1美元兑换83日元。日元汇率后来在1998年、2000年回落到130日元左右，但从2002年4月以后受美国互联网泡沫经济崩溃影响又转向升值，2004—2005年为1美元兑换110日元左右，2006—2007年为1美元兑换116～117日元。次贷危机之后美国采取大幅金融缓和政策，日元再度升值，在2011—2012年曾经达到1美元兑换80日元的空前高度。看到出口产业苦不堪言，2013年4月就任日本央行行长的黑田东彦采取了大胆的"异次元金融缓和"政策，2013年7月，日元汇率回落到1美元兑换100日元水平。

如图4-1所示，石油危机或海湾战争等政治经济学要素、近年来美国和日本的金融政策或者跨境移动的国际流动性的变动都会对汇率产生影响，但从本质上来看，汇率的相对变化反映的是各个国家生产率的提高或经济实力的变化。

从20世纪70年代初到21世纪初，日元兑美元的汇率从最初的1美元兑360日元上涨到3.6倍的1美元兑100日元，说明在这一时期日本经济实力提高，国际上对日元的需求超出对其他货币的需求，这是后发展起来的国家赶超发达国家的一个典型案例。

关键词 双赤字

双赤字指在美国经济中经常收支赤字和政府财政赤字同时扩大的现象。经常收支赤字的根源在于贸易赤字。如第3章所述，20世纪60年代以后，美国跨国公司将生产基地转移到欧洲、亚洲以及中南美洲，这一过程导致了经常收支赤字的扩大。20世纪80年代以后，美国产业投资重点开始向从事研发的知识部门或者电子部门倾斜，通过向外国出售专利或专业知识的知识产权等"看不见的贸易"来获取盈余。但是这些盈余和投资收益加起来仍然无法弥补贸易收支赤字。20世纪80年代，里根任总统期间进行大规模扩军，又导致了政府财政赤字的扩大。当贸易出现赤字时，美国试图通过增加财政支出的方法来缓解购买力不足的问题。然而财政赤字的扩大又导致进口增加，使经常收支的赤字进一步扩大。双赤字之间相互影响，极易形成恶性循环。

20世纪90年代后期，克林顿执政期间，依靠泡沫经济的作用，美国虽然经常收支的赤字仍在增加，但政府财政收支得以改善，一段时期曾实现盈余。双赤字的问题看似可以就此得到解决，但由于布什总统的战争政策，2002—2003年的财政赤字占GDP的比例一举攀升到4%左右。布什下台之后继任总统的奥巴马政权为了应对次贷危机，以及继续阿富汗等地的战争，一直采取金融缓和政策，财政赤字再次扩大，目前尚看不到扭转双赤字的方向何在。

从国际收支结构了解国家的"盈"与"亏"

国际收支结构可以用来衡量一国的经济实力，接下来通过指标来分析日本和美国的情况。一个国家的经济实力可以通过GDP、生产率、通货膨胀率、失业率以及财政健全指数等基础数据来考察。国际收支也是其中的一个重要指标。

美国的国际收支结构如表4-1所示。

表 4-1　美国的国际收支

（2011年）（单位：10亿美元）

贸易收支　　A=B+C	△ 559.9
商品贸易　B	△ 738.4
出口	1 497.4
进口	△ 2 235.8
服务贸易　C	
军事交易收支	△ 11.6
旅游观光收支	31.3
其他服务	158.8
所得收支　D	227.0
转移收支　E	△ 133.1
经常收支　F=A+D+E	△ 465.9
资本收支　G	△ 1 212.0
美国保有海外资产总额	△ 483.7
官方资产	△ 119.6
民间资产	△ 364.1
外国保有美国资产总额	1 001.0
官方资产	211.8
民间资产	789.2
金融收支　H	
金融衍生品	39.0

数据来源：The White House, *2013 Economic Report of the President*.

　　国际收支大体上可以分为经常收支和资本金融收支。经常收支主要由①贸易收支；②所得收支；③转移收支构成。贸易收支（A）包括有形贸易（B）和无形贸易（C）。2011年美国出口商品1.5万亿美元，进口2.2万亿美元。美国的进口无论是绝对值还是在GDP中所占比例都在增加，最近30年内从7%增加到15%，可以说，美国人逐渐变得必须依赖从外国进口才能维持现在的生活水平。

　　过去，商品贸易所产生的庞大赤字一直依靠服务贸易（旅游、运输、通信、金融、保险等）和所得收入（表4-1中的D，相当于对外投资收益及在外国工作的美国人向国内汇款的总额减去外国公司带出美国的投资收益及在美国工作的外国人侨汇金额）的盈余来弥补。但是近些年来，这些盈余也逐渐缩小，有时甚至出现赤字，导致美国经常收支累计出现 4 659 亿美元赤字。

资本金融收支（表 4-1 中的 G 和 H）反映了对外投资与对内投资的平衡情况。20 世纪 90 年代，世界各国大量投资购买美国的股票和债券，使美元价值维持在较高水平。但次贷危机以后，国内外的投资者开始在美元和欧元及日元之间不断变换。美国资本收支的赤字达到 1.2 万亿美元，与经常收支的赤字一起体现了美元流向世界各地的现状。这也是美元呈贬值倾向的根本原因。

不过如表 4-1 所示，海外保有的美国资产总额也高达 1 万亿美元。这是由于以下两方面的原因造成的：第一，美国汇集了全世界的人才，处于科技创新的最前沿；第二，近些年油页岩以及生物燃料等新能源的开发，让美国作为资源出口大国得以复苏，提高了美元价值。

再看日本的国际收支结构。表 4-2 为 2012 年日本国际收支情况。

表 4-2　日本的国际收支

（2012 年）（单位：10 亿美元）

贸易收支　A=B+C	△ 104.3
商品贸易　B	△ 73.1
出口	772.3
进口	△ 845.4
服务贸易　C	△ 31.3
所得收支　D	179.3
转移收支　E	△ 14.2
经常收支　A+D+E	60.7
投资收支	△ 102.9
直接投资	△ 121.1
证券投资	△ 38.7
其他投资	63.6
其他类型资本收支	1.0
资本收支	△ 103.8

数据来源：本表依据财务省 HP：《国际收支状况》以及日本贸易振兴机构 HP："国际收支统计"制成。
注：资本收支赤字通常都是通过经常收支的盈余填补。本表中二者数据存在出入的原因一是由于海外投资是通过减少外汇储备来进行，另外也可能由此类统计数据的误差或遗漏所致。

2012年日本贸易收支（A）当中，商品贸易（B）产生731亿美元赤字，服务贸易赤字（C）为313亿美元，赤字总额达到1 043亿美元。

长期以来，日本出口产品一直具有较高的国际竞争力，每年都能产生大量盈余，使外汇储备不断增加。但是自2011年以来，由于日本企业大量在海外投资设厂，外加新兴经济体的崛起、日元升值导致出口低迷，以及"3·11大地震"导致对全球市场的供给链条中断等原因，日本贸易开始转而出现赤字。依靠所得收支的盈余，日本经常收支勉强维持了607亿美元盈余。这些盈余被用于海外投资，2012年日本资本收支赤字为1 038亿美元，其与经常收支盈余之差需要消耗外汇储备来弥补。日本花费大部分外汇用于间接投资（特别是购买美国债券）和直接投资（对亚洲地区的投资居多），维持国际收支的平衡。

由此可见，一国经济实力的根本在于贸易（商品、服务），国家需要利用贸易盈余去进行对外投资，提高经济实力。但值得警惕的是，近些年来随着货币经济的扩大，投机性资金的跨境流动会对汇率产生影响。

那么，在当今的全球化大潮之中，日元作为最近常被提出的东亚经济圈的核心，可能像美元和欧元一样成为国际货币和关键货币吗？

日元能成为关键货币吗？

日元虽然兑换超过规定金额的外汇时需要申报，但在国内外都可以自由买卖，基本上属于国际货币。但是，要成为在经济圈中占据核心地位的关键货币，虽然日本政府自20世纪80年代起实施了一系列金融缓和政策及金融改革，但日元仍然面临着很多制约因素。

（关键词）　**金融大爆炸（Big Bang）**

　　金融大爆炸始于1986年英国撒切尔政权为增强伦敦金融城的活力而实施的一系列放松管制、促进竞争的政策。借用宇宙形成之初的"大爆炸"一词，该政策被称为金融大爆炸。后来在日本，桥本龙太郎内阁宣布实施日本版金融大爆炸。其主要内容包括修改相关法规，允许银行、证券及保险业之间相互持股、实行股票购买手续费自由化、结算制度同国际标准接轨等。对外汇的管制也通过1998年的修订实现了大幅度自由化。为了应对因金融大爆炸而进入日本市场的外资公司，如第3章所述，日本的各金融机构和保险公司纷纷合并。

　　一个国家的货币成为关键货币所需要的条件可以根据历史经验总结出来。19世纪到第一次世界大战，英镑一直是世界市场上的关键货币。这一时期，英国作为世界工厂将产品出口到世界各地，其经济实力就是最根本的原因。也就是说，其他国家为了与英国进行贸易，需要积累英镑，并将其存入伦敦的金融市场。英国依靠贸易盈余积累的黄金保障了英镑价值，也就是金本位制时代。英国利用本国英镑进行海外投资，开创了资本主义黄金时代。

　　但20世纪以后，美国和法国的经济实力逐渐超过英国，英国的黄金持有率下降，英镑的价值变得不再稳定。此外，由于全球黄金产量减少，难以满足日益增加的世界贸易结算的需要，因此在第一次世界大战时，以黄金和英镑为核心的金本位制告终。

　　进入大萧条时期之后，各主要国家开始发展封闭的集团经济圈。20世纪30

年代分别形成了美元、英镑以及金块（法国等欧洲六国）关键货币圈。随后日本也试图以朝鲜及中国台湾等殖民地、中国东北地区以及侵华战争中的占领区为中心构建日元经济圈。

第二次世界大战之后，美国凭借雄厚的经济实力，通过布雷顿森林体系规定的金汇兑本位制确立了国际货币体系。该体系吸取了战前各经济圈各自为政、导致世界贸易减少并引发世界大战的惨痛教训，取消贸易限制，推动货币自由交换，并成立了国际货币基金组织和世界银行来促进自由贸易和资本的自由移动。

从这个过程中，可以看出关键货币需要具备以下条件。

第一，关键货币在某个经济圈中发挥核心作用，这种核心货币必须能够与黄金或者他国货币自由兑换，由此使其他国家愿意选择该货币作为储备货币。

第二，核心货币国必须与其他国家之间具有大规模且范围宽广的贸易。大规模贸易能够促使贸易对象国将其获得的流动性资金余额保存在核心货币国的金融市场，并获得收益。范围宽广的贸易国的金融市场还有助于其他国家获得第三国家货币，更便于交易。核心货币国金融市场因此日益完善，又会成为媒介，促进货币经济圈的形成。

第三，核心货币必须保证充足供给，保证即使经济形势发生些许波动，也能满足其他国家的交易需求。为此，核心货币国需要具备向其他国家转移资本的能力，即该国必须是对外投资国。其他国家能够通过购买核心货币国对外投资企业的债券和股票获得相对收益。于是，投资到外国的资金就又会源源不断地流回本国，维持核心货币的价值。

第四，核心货币国为了进行对外投资必须长期维持经常收支盈余。维持经常收支盈余最基本的条件就是贸易收支获得盈余。只有通过贸易（商品和服务）盈余以及利润和利息等所得收支盈余才能弥补对外投资的赤字。这意味着核心货币国需要具有较高生产率，产品拥有较强国际竞争力，并且保持货币价值稳定。

只有具备了这些条件，核心货币才能够被其他国家作为交易手段、储备手段，用作对外交易结算所需的流动性资金，才能在汇率变动时发挥干预作用，其他国家也才会持有该货币作为保值的手段。符合这些条件的货币就是国际货币和关键货币，因此金本位制下的英镑、布雷顿森林体系下的美元都曾经是关键货币。

但美元由于不再符合上述的第四个条件，即贸易盈余，其价值已经动摇。那么日元的情况如何呢。

虽然日本的贸易和投资在世界范围内都形成了较大规模，"金融大爆炸"也大大提升了其兑换自由度，但日元在贸易、国际债券以及官方储备等领域的国际化程度仍然不高。例如2010年日本贸易出口中，日元结算虽然占到40%，但其中大部分为日本与美国的交易。再加上在进口中占较多比例的初级产品几乎都用美元结算，进口贸易中日元结算的比例与1980年的2%相比虽然有所增加，但仍然只有24%。世界各国货币当局所持有的官方储备当中，日元仅占4%，远远低于美元的66%和欧元的25%。

在美元价值不稳的现状下，东亚各国虽然会倾向于持有通用的外汇储备，互相使用日元或人民币进行交易，但东亚经济圈目前尚未形成该区域特有的核心货币，而且这一天不如说是变得更加遥远了。

日本曾经有一段时间将日元经济圈纳入视野，积极讨论过日元国际化的问题，但近几年来这个问题似乎已经从相关部门的政策日程中消失。例如财务省的官方网页上过去曾经专门设有日元国际化栏目，最近却被删掉。这背后有多重原因，比如第9章将要介绍的东亚共同体等东亚区域合作体系裹足不前；拥有庞大外汇储备的中国已经将关注点转移到G2战略的出现；日元国际化需要放宽管制，向国际市场提供大量货币供给，而在发达国家经济萧条的险恶环境当中，日本政府官僚以及财阀领导都无法下定决心；近期还是躲在美元保护伞下更为安全稳妥的观点等等。而且更重要的是，2011年以来日本贸易赤字连年扩大，可以预测在不远的将来，日本还将自经济高速增长期以来首次产生经常收支赤字。出于上述原因，日本转而向美国主导的TPP寻求出路，而暂时忘记了日元经济圈之路。

最近人民币的国际化也在中国成为热门话题，但中国目前的方向仍然是吸取日本失败的教训，将自由化慎重地限定在小范围之内。

美元与世界经济

关于东亚国际货币体系，目前存在美元本位制、日元或人民币本位制等各种观点，这是因为在当前的浮动汇率体系下，世界经济并未得到均衡发展，反而出现了若干个严重的不均衡现象。

2013年在莫斯科举行的20国会议对世界经济提出了两个均衡目标。一个是纠正发达国家的财政不均衡；另一个是扭转赤字国家与盈余国家之间的不均衡。20国集团将这两种不均衡视为造成世界经济不稳定的根源。发达国家的财政赤字问题将在第9章详细介绍，以下讨论赤字国家与盈余国家之间的不均衡问题。

在浮动汇率制之下，贸易不均衡原本可以通过汇率的调整得到解决。但是，现实却往往并非如此。因为导致不均衡的最大问题是美元流向世界各国，导致美元价值并不稳定。也就是美元的铸币税（seigniorage）效应。

美国在世界经济中占有优势，其他国家普遍需要美元，其结果就是美国可以通过出口美元来换取商品。铸币税效应一词是依据表示"年长"（优势）的 seigniority 创造出来的，也可以说是霸权效应。依靠铸币税效应，美国人自然可以依靠其他国家的生产来维持生活。但其结果却是导致经济空洞化，削弱了本国的经济实力。金钱归根结底只不过是社会关系的表象，而不是实体，习惯了以钱生钱的赌场经济，最终只会导致经济泡沫的崩溃。

关键词 **赌场经济 与 欧洲货币**

跨国公司在本国以外所保有的本国货币储备余额（流动资金）叫作欧洲货币（Eurocurrency，也叫 Euromoney），其中七成以上为欧洲美元，也有欧洲日元和欧洲欧元。近些年来，欧洲货币等金融资产急剧增加，体现了世界经济的不均衡状态。

目前全世界的金融资产（股票、债券、银行存款）为 212 万亿美元，相当于全球 GDP 总量的 3 倍之多。[①] 全球金融市场的日交易额为 1.5 万亿美元（每年大约 450 万亿美元），其中 90% 以上为与实体经济没有任何关系的金融交易。一部分资金为了利用各货币之间的利息差或者汇率变动实现增殖而不断流动。比如第 3 章介绍的对冲基金就是专门从事类似业务的金融机构。金融机构通过计算机操作，瞬间就可以完成数千万美元的投机性交易。在近些年接连发生的亚洲金融危机、北美次贷危机以及欧债危机当中，投资家和跨国公司将巨额利润收入囊中，另一方面导致破产和失业都在短期内激增，严重影响国民生活。英国国际政治经济学

---

① McKinsey & Co., *Mapping Global Capital Market, 2012.*

家苏珊·斯特兰奇（Susan Strange）将这种以牟利为最高目的的资本主义经济称为赌场经济。

事实上，尽管实行了浮动汇率体制，世界经济仍旧出现了一些显著的不均衡现象。

首先，美国国际收支的连续赤字导致美元价值不稳定。针对这个问题，各国或者实行货币篮汇率，将本国货币与多种货币联动，减少美元负担；或者像欧盟一样，创造区域内的新货币，使其成为国际货币，使用本区域通用货币来发展国际交易，除此之外别无他法。

第二，经济全球化导致了世界各区域之间贫富差距不断拉大。OECD白皮书将世界各国分为富裕国家、追赶国家、努力国家以及贫困国家四类，指出徘徊在世界经济底层的后两类国家（共60多个国家，占发展中国家的四成）至今仍然未能解决贫困问题。这些国家还面临着巨额债务问题。发展中国家的累积债务有两种类型，一种是追赶国家在工业化过程中因引进资本和生产设备而产生的负债，这些债务是可以随着工业化发展逐步偿还的；但是另一种债务是重债穷国（Heavily Indebted Poor Countries, HIPC，第9章）由于经常性的贸易收支赤字不断扩大而产生的负债。这些国家虽然现在得到免除部分债务等救助，但如果不进行实体经济改革并与国际社会合作，是很难解决债务问题的。

第三，当今世界经济当中，经常收支盈余主要集中在东亚各国或地区，2012年底日本外汇储备为1.268万亿美元，中国为3.5万亿美元，中国台湾为4 000亿美元，韩国为3 270亿美元，中国香港为3 173亿美元，这5个国家和地区的外汇储备总计达到5.8万亿，占全世界外汇储备的一半以上，以及各产油国家，

2012年底OPEC各国的外汇储备达到2 000亿美元。①但是，这些国家的盈余大部分通过购买债券等间接投资流回美国，维持了美元的稳定，并没有用于改善本国或本地区的经济社会，这也从另一个侧面加剧了世界经济的不均衡。美国一直施压促使人民币和日元升值，这些国家则通过政策干预和金融缓和政策维持本国货币的较低地位。因为依靠出口维持经济繁荣才是最优先课题。但即使是亚洲比较富裕的国家，仍然要随时防备外汇战争，拥有大量外汇储备却未必能够保证国民生活稳定是其面临的重大问题。

区域货币：拒绝迷失在法定货币的世界里

面对全球经济的不均衡和各种矛盾，最近全球范围内出现了一个新的动向，即在区域层面发展区域货币，确保本区域繁荣不受霸权货币左右。

区域货币（Local Exchange Trading System, LETS）最早于20世纪80年代在欧美出现，截至2011年1月，日本国内以生态货币（Eco-Money）等名称共登记了622种区域货币。②

区域货币起源于美国和加拿大为了恢复区域社区交流、促进区域发展的尝试。人们制作出可以使用区域货币的店铺目录，促进区域货币在区域服务交换或者商店中流通。中央集权式货币流通并不一定会促进社区繁荣，也有些区域货币是出于对这一事实的反思而产生的。

区域货币形式多样，有的由办事机构为使用者开设账户来记录存入和支出，

---

① IMF, *International Financial Statistics Online*, March 2013.
② 参见日本地方货币列表：http://cc-pr.net/list/.

有的发行纸券或者优惠券，有的用IC卡记录货币的使用和增减。无论哪种形式的区域货币都无法在区域外部使用，银行不受理该类业务，也不产生利息。因此区域货币很难成为投机对象。[①]

区域货币基本上只在成员内部流通，因此可以成为人们自发振兴社区经济的一种方法。其中比较有名的包括美国纽约州伊萨卡市采用伊萨卡小时券振兴区域经济的事迹。

在英国西南部的海港城市布里斯托尔，2012年当选市长的弗格森的全部工资都用区域货币布里斯托尔英镑（B £）领取，其他政府职员也用布里斯托尔英镑领取50%的工资。[②]

千叶市中央区商业街发行的花生币（Peanuts）是日本比较有代表性的区域货币。该地区居民参加绿化、摆放自行车、照顾老人、帮扶弱者等公益事业，可以把交易日期、当事人记录到账户中，当作电子货币使用。这项事业由一家公司负责运营和推广。花生币以当地特产花生为名，用花生的英文首字母P作为基本单位，1P相当于1日元。可以在加盟店按照商品价格的5%～10%使用P积分。千叶县在全县范围内积极推广花生币，该县的松户市、市川市、佐仓市等地均开展了相关业务。

图4-2的东京都新宿区阿童木币也是发展区域货币的另一个案例。阿童木币的名称源自手冢治虫漫画的主人公，旨在通过将环境、区域、国际、教育相结合的形式为振兴经济做贡献。这项活动最早是由于2004年早稻田大学的学生们对手冢治虫的作品《拯救玻璃般的地球》产生共鸣，与手冢治虫事务所进行协商后

---

① 区域货币入门参考书籍有：河邑厚德、グループ现代《エンデの遗言》，2000年；坂本龙一、河邑厚德编著《エンデの警钟》，2002年。
② （日本）《每日新闻》，2013年8月14日。

发起，由当地商业街的商店加盟组成的。

　　在早稻田、高田马场等地经常会有如支援地震灾区、回收矿泉水瓶盖等各种公益活动，人们参加这些活动就可以获得一定数目的阿童木币。此外，在商业街就餐时自带筷子、购买当地自产自销产品，或者自带购物袋等行为也可以获得阿童木币。阿童木币的货币单位是马力，人们按照1马力等于1日元在加盟店使用，商店可以到管理部门兑换成日元。2011年，阿童木币有1 500家加盟店铺，其中高田马场、早稻田地区190家，全国发行量为2 000万马力，其中新宿区为约180万马力。

　　值得注意的是，近些年阿童木币主要在两个方面得到了发展和深化。一个是基于区域振兴理念开展的内藤辣椒复兴栽培项目。新宿区自德川时代起就出产内藤辣椒，现在已将其作为特产，专供本区域的餐饮商店使用。该项目于2012年入选农林水产省的补助项目。

图 4-2　阿童木币

当地商业街的店铺参加阿童木币的合作原本是为了把早稻田大学的学生们的消费留在附近区域，但是现在阿童木币已经超越最初目的，为推动区域社会发展、宣传创新理念发挥了重要作用。

另一方面，阿童木币已经在全国范围内得到发展。根据2013年2月阿童木币第九次大会资料，除了本部和早稻田、高田马场支部以外，其他地区的各支部也都汇报了业务开展情况。特别是2011年日本大地震的灾区女川町，该地从2012年开始导入阿童木币，把增加区域活力作为灾后重建的一环，由当地商工会发起，目前已有64家单位加盟，当年共计发行阿童木币78万马力。

综上所述，区域货币虽然形式各异、发展阶段也各不相同，但是都具有一个共同特点，即虽然无法代替法定货币，却都通过区域志愿者活动、互助服务等形式，使法定货币不够重视的社会关系走上舞台，最大限度地利用当地人力及文化资源，以实现本区域的独特价值和繁荣为目的。从这个意义来看，区域货币可以成为一种方法，在草根阶层培养正确的价值观，使人们认识到，人生不能只是为了在法定货币或国际货币的世界里赚钱而迷失方向。通过这些事实，区域货币必将会被世界上更多的人所接受和传播。

世界经济的基础

第 5 章

100 亿人的地球

老龄化社会绝不是灰暗的停滞社会。相反，老龄化社会有可能是更重视分享智慧而非竞争意识，更鼓励知识密集劳动而非体力劳动，对社会上的弱者给予更多关怀的和谐社会。

少子老龄化与"人口爆炸"并存

世界人口在21世纪前10年超过了70亿人，到2025年将突破80亿人大关。工业革命前后的世界人口大约是5亿，经历两个世纪才增加到10亿。然而20世纪60年代以后，每隔仅仅十几年，世界人口就会增加10亿，25亿人口在从1950年到1990年的40年里增加一倍，变为53亿，在又过了25年之后的2015年达到73亿（图5-1、表5-1）。根据推算，目前的人口数量在接下来的10年间还将再增加7亿。

20世纪后半叶，世界人口增长率维持在约1.9%的较高水平。如表5-2所示，21世纪以后，人口增速开始减缓，21世纪前10年为1.15%，从21世纪中期开始将降至0.45%，之后接近水平状态。预计世界人口将在21世纪60年代提前达到100亿人，并在22世纪之前保持稳定。

图 5-1　世界人口中每 10 亿人口的增长过程

（亿人）

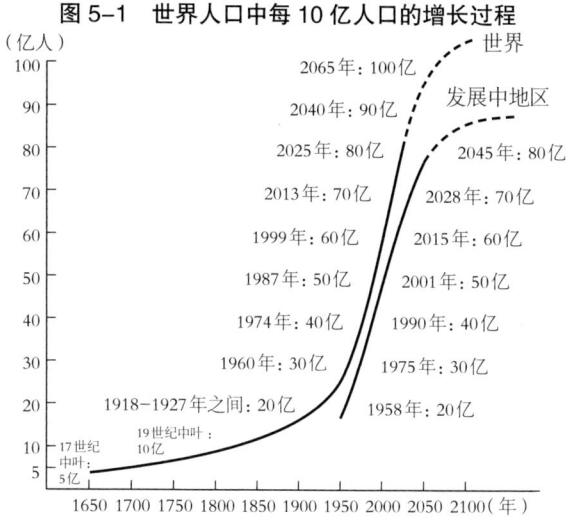

- 2065 年：100 亿　世界
- 2040 年：90 亿
- 2025 年：80 亿　发展中地区
- 2013 年：70 亿　2045 年：80 亿
- 1999 年：60 亿　2028 年：70 亿
- 1987 年：50 亿　2015 年：60 亿
- 1974 年：40 亿　2001 年：50 亿
- 1960 年：30 亿　1990 年：40 亿
- 1918—1927 年之间：20 亿　1975 年：30 亿
- 1958 年：20 亿
- 17世纪中叶 5亿　19世纪中叶：10亿

1650 1700 1750 1800 1850 1900 1950 2000 2050 2100（年）

数据来源：United Nations, *Department of Economic and Social Affairs, Population Division, On-line database Population*.

注：该曲线根据联合国的预测中位值得出，将来未必一定如此。本图仅表示在假设一定的出生率和死亡率之下有可能出现的情况。

表 5-1　世界人口的变化（1750—2000 年）以及未来预测（至 2050 年）

（单位：100万人）

年	世界人口总计	发达地区*	发展中地区**
1750	791	201	590
1800	978	248	730
1900	1 650	573	1 077
1950	2 519	814	1 706
1970	3 691	1 008	2 685
1990	5 255	1 115	4 115
2000	6 122	1 189	4 933
2015	7 325	1 260	6 065
2025	8 083	1 286	6 797
2050	9 306	1 312	7 994

数据来源：1750—1900 年数据源自 1974 年联合国秘书长在布加勒斯特世界人口会议上的报告；1950—2050 年数据源自 United Nations, *World Population Prospects, The 2002 Revision; The 2011 Revision*.

注：*包括欧洲、北美（美国、加拿大）、澳大利亚、新西兰、日本。
**包括非洲、中南美洲、亚洲、大洋洲（除澳大利亚和新西兰以外）。

表 5-2　人口增长率的变化

(单位:%)

	1900—1950	1950—2000	1995—2000	2000—2005	2010—2015	2050—2055
世界	0.8	1.9	1.35	1.22	1.15	0.45
发达地区	0.8	0.9	0.34	0.25	0.30	−0.01
发展中地区	0.9	2.2	1.61	1.45	1.33	0.52

数据来源:1900—1950 年和 1950—2000 年数据源自 United Nations, *World Population Prospects, The 1994 Revision*;1995—2000 年数据源自 *Ibid., The 2000 Revision*; 2000—2005 年、2010—2015 年及 2050—2055 年数据源自 *Ibid., The 2012 Revision*.

近代世界的人口急剧变化与自然灾害、奴隶制度和战争等密切相关。16 至 17 世纪以后,欧洲开始对外扩张,伊比利亚美洲大陆[①]的原住民印第安人被迫在矿山从事苦役,欧洲人带来的天花也导致人们大量死亡,因此人口急剧减少。非洲大陆也曾因为残酷的奴隶贸易和战争而出现人口锐减。

然而在欧洲,特别是在英国,从 18 世纪末到整个 19 世纪,人口则出现持续增长。英国人口在 19 世纪里由 900 万人变为 1 800 万人,增加了一倍。

19 世纪初期,英国经济学家马尔萨斯注意到了人口随着英国经济发展而急剧增加,他指出人口增长会遭遇粮食不足的危机,引发贫困、饥饿等种种灾难。但关于英国的人口增加,还有以下两点马尔萨斯没有注意到。

第一,人口伴随收入的增加而增加。收入提高会改善人们的营养和卫生状况。因此人们的预期寿命变长,死亡率也降低了。所以英国的人口增加并不像马尔萨斯所考虑的,是单纯由于生育意愿的增加而导致的。马尔萨斯认为可以通过遏制人口出生率消除贫困,而事实上是财富的形成降低了死亡率,导致了人口数量的增加。

---

① 伊比利亚美洲指使用西班牙语和葡萄牙语的所有美洲国家和地区的总称,它们都曾经是西班牙或葡萄牙的殖民地。——编者注

第二，在当时的英国，随着资本主义的形成和发展，圈地运动导致大批农民失去土地流向城市。于是在整个 19 世纪，大量的欧洲人口向新大陆移民。城市的人口膨胀看似人口增加，实际上却是人口流动和人口分布的问题。卡尔·马克思根据这一视角指出，英国人口问题不是绝对的人口过剩问题，而是"相对的过剩人口"问题。

如表 5-1 所示，20 世纪初期全球人口总数约为 17 亿人左右，发达地区人口不足 6 亿，落后地区（现在的发展中地区）人口大约 11 亿，两者比例约为 3 : 5。但在 21 世纪前半叶，由于个人收入的增加、小家庭的盛行、社会保障水平的提高，以及家庭计划观念的普及，欧洲人口的增长率有所降低。也就是说，工业革命以来的两个世纪里，欧洲从传统的高出生率、高死亡率社会经过高出生率、低死亡率，变为低出生率、低死亡率的社会。这就是人口转变现象。

关键词　**人口转变**

如图 5-2A、图 5-2B 所示，在传统社会中的高出生率、高死亡率状态之下，人口不会增长（第 I 期）。但是，经济开始发展以后，正如英国的情况，死亡率下降，但是出于过去为了弥补儿童的高死亡率而多生孩子的习惯，出生率没有马上随之降低，因此高出生率和低死亡率之间的差距变大，人口自然增长率增高（第 II 期）。高自然增长率是人口爆炸时期的主要特征，但这种状态持续一段时间之后，随着新生儿死亡率的下降，不再需要高出生率，就会开始向低出生率、低死亡率的状态转变（第 III 期）。也就是说，人口增长率开始下降，这种状态再维持一段时间，完全变为低出生率、低死亡率时期，人口达到稳定（第 IV 期），也就是发达国家目前的状态。

图 5-2A　人口转变示意图

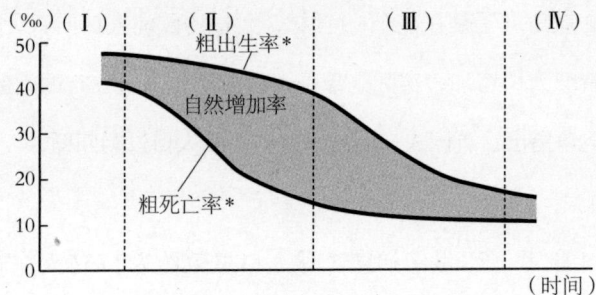

图 5-2B　发展中国家的粗出生率及粗死亡率变化

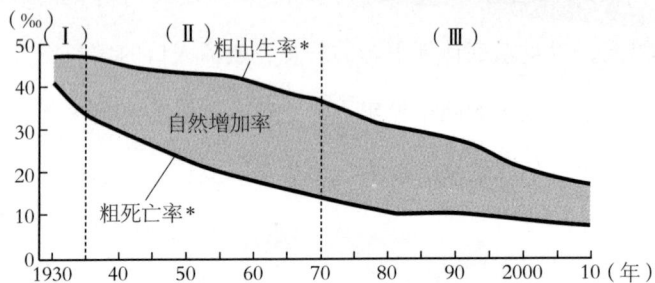

注：*粗出生率、粗死亡率指每千人中的平均出生（死亡）数量，用千分率（‰）表示。
本图为根据每五年的平均变化绘制的趋势图。

　　那么，21世纪初期的人口问题是什么呢？与马尔萨斯的那个时代相比，今天的人口问题要更加复杂得多。

　　首先，经历了两次世界大战后，发达国家的人口基本走向稳定，但发展中国家却出现了"人口爆炸"，导致年均2%的高人口增长率一直持续到前不久为止。年均2%意味着人口数量每经过36年就翻一番。在这种高人口增长率之下，发展中国家出现了马尔萨斯担忧的人口与粮食的平衡问题，也发生了欧洲和日本在19世纪时曾发生过的海外移民浪潮。

　　第二，发达国家和发展中国家分别出现了不同的人口问题。对于发展中国家来说，人口过度增长是最严峻的问题；而在发达国家，则出现了少子老龄化、人口减少和劳动力引进等新问题。发达国家的人口问题在日本得到了最具代表性的体现，日本的情况代表了整个世界今后的趋势。发展中国家也开始关注日本及其他发达国家为了解决人口减少问题所采取的对策。

发展中国家"人口爆炸"主要发生于 20 世纪 50 年代末到 70 年代后半叶两次石油危机期间。现在处于人口转变的第 III 期，人口增长率已经从曾经的 2% 降至平均 1.2%～1.3% 左右。如图 5-1、表 5-1 所示，发展中国家的人口从 1960 年的 20 亿增加到了 2000 年的 50 亿以上，2015 年达到 60 亿。发达国家与发展中国家的人口比例从过去的 1：2 扩大到了 1：5。发展中国家人口增长的根本原因是国家取得独立之后，医疗卫生条件得到显著提高，死亡率大大降低。

发展中国家和地区中，率先实现经济高速增长的亚洲新兴工业化经济区域（中国香港、新加坡、中国台湾和韩国）已经面临着与日本相同的老龄少子化问题。其他新兴经济体的人口增长率也大多降到了与发达国家相当的 1% 左右。中国由于实行了在发展中国家中比较少见的独生子女政策，人口增长率从 20 世纪 80 年代起降至 1.2% 左右，又经过近些年来的经济发展，目前人口增长率已经降至 0.4% 左右。如何应对将在 2020 年以后出现的急剧老龄化和人口减少问题已经成为中国的重要课题。

20 世纪后半叶，全球人口问题主要表现为发达国家趋于稳定和发展中国家的爆炸式增长。21 世纪以后，随着发展中国家日益赶上发达国家，无论是发展中国家还是发达国家，都面临着新的问题，即如何实现人口稳定，以及如何在保持人口稳定的基础上提高人们的生活质量。接下来探讨这个问题在发展中国家和发达国家的不同表现。

全球人口的五分之四

考虑21世纪的人口问题，首先需要把握占全球总人口五分之四的发展中国家的人口动向。

前文介绍了发展中国家人口增加的根本原因是死亡率的降低，但事实上不同国家的具体情况又各不相同。在天主教国家和伊斯兰国家，人口增长率很难降低。进入21世纪以后，大多数非洲国家的人口增长率还维持在2%～3%，也门、沙特阿拉伯等国的人口增长率为3%左右，这些地区的人口仍在继续高速增长。按照这个速度，20至30年后这些国家的人口将会翻一番（与复利计算的72法则一样，年增长率为1%时，人口翻番需要72年，年增长率为2%时需要36年，年均增长率为3%时则只需24年）。

一般来说，收入越低、贫富差距越大的国家人口增长越快。但是近些年来，联合国千年发展目标（MDGs，第9章）公布之后，通过国际社会、各国和各市民团体的努力，拉丁美洲和亚洲的最贫困国家等的人口增长率有所降低。但在一些战乱频仍的国家，如伊拉克、阿富汗、苏丹等国，人口增长率仍在3%左右。

在发展中国家，特别是贫困地区，人口增长率居高不下的主要原因是，儿童被视为填补家用的重要劳动力，以及在社会保障制度不完善的国家，养儿防老是唯一的出路，人们倾向于维持大家族制。此外，在治安及警察能力不充足或者上述能力只被少数统治阶级所占有的国家，多生孩子是确保家族势力、保障家族安全的手段。

基于上述理由，那些贫穷落后、公共政策不健全的社会具有更强的"多生孩子的意愿"，只有经济社会的全面发展才能改变这种情况。实际上，近几十年来，以新兴经济体为代表的发展中国家通过经济发展和医疗保健的普及，人口增长率已经呈现出下降趋势。

如今，发展中国家为了实现经济增长，必须将人口增长控制在一定程度之内。因为人口增加会消耗掉本该用于资本积累的剩余财富。

资本积累的源泉被消耗殆尽，国内的就业问题、贸易赤字、债务问题等都会更加严重。中国通过计划生育政策抑制人口快速增长，也是出于优先扩大资本积累和追赶发达国家的需要。

另外，人口增长也不利于妇女解放。如果被视作生儿育女的工具，被束缚在抚养孩子的工作之中，妇女将无法独立生存并主动参与到社会之中。

关键词　**针对女性的投资（Investment in Women）**

发展中国家在人口爆炸初期，为了限制生育从而控制人口增加，曾经采取强制性避孕手术或者分发口服避孕药等措施。但 20 世纪 70 年代中叶以后，女性开始主张自己的人权。越来越多的人认识到，消除把女性作为家庭附属物的家长制、让女性接受教育，帮助女性独立，才是抑制人口增长的捷径。当然同时也需要通过家庭计划或者计划生育改变人们的观点，提倡生育更少的孩子并为他们提供更高的教育，提高人口素质。这也只有通过保障妇女的人权才能够实现。上述"针对女性的投资"已经逐渐被更多的人所接受。

如图 5-3 所示，根据联合国对世界人口的预测，最可能出现的情况是 21 世纪后半叶人口增长率降至 0.4% 左右，全球人口总数在 90 亿～100 亿的水平稳定下来。但对一个世纪之后的人口总数的预测是一个较大的数值范围，其预测高位值为166亿人，预测低位值为68亿人。无论哪种情况，都需要我们理解人口问题的本质，再决定采取什么具体政策，其结果也会因此而不同。

总之，目前的73亿人口在接下来的十几年内将增至80亿人，其中绝大部分发生在发展中国家；另一方面，日本等发达国家却不得不面对人口负增长的困境。这个事实势必影响到世界的和平、能源、资源及粮食等问题，我们也必须以这个巨大变化为前提来看待世界。

图 5-3　21 世纪后半叶的世界人口趋势的三种可能

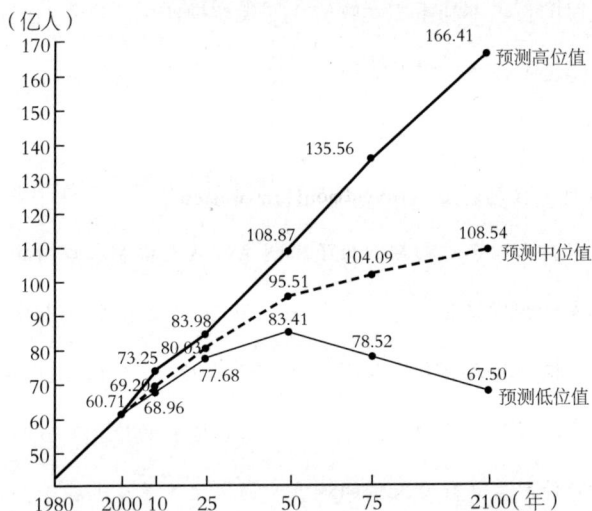

数据来源：United States, *World Population Prospects, The 2012 Revision.*

人口分布的变化——从农村到城市

人口趋势的变化还与人口分布的变化密切相关。

人口分布是指在地理、阶层、职业、性别等方面的人口构成状况，城市和农村的人口分布情况也是把握社会变化趋势的重要因素。战后初期日本的农村人口约占总人口的一半，但经过经济高速增长时期的工业化和城市化发展，2000年农村人口已减至33%，如今城市人口占总人口的67%。

从全球范围来看，发展中国家也正在发生与日本相同的现象。

表5-3显示了世界城市及农村人口的变化。1950年，世界城市人口总数为7.5亿人，农村人口总数为18亿人，二者之比约为1：2。但是后来，发展中国家的城市人口和农村人口都迅速增加，21世纪以后城市人口逐渐超过了农村人口，2011年世界城市人口数量约36亿人，农村人口数量为33亿人。预计2030年城市人口将增至50亿人，农村人口则仍维持33亿不变，以后农村人口无论是绝对数量还是比例都将呈下降趋势。

今后，世界的城市问题以及城市和农村的均衡问题将会越来越受到关注。图5-4为世界各主要区域的城市人口比例。21世纪初，发达国家有四分之三的人口住在城市，全世界则每两个人之中就有一人住在城市，可见城市问题的重要程度。

表5-3体现了以下两个情况。

第一，过去，发达国家的城市人口一直多于发展中国家，人们说起城市一般都是指发达国家的城市。但到了20世纪70年代，发展中国家的城市人口已经超过发达国家，2011年发达国家城市人口为9.6亿，而发展中国家则为27亿，达到发达国家的近3倍。图5-4显示，2020年以后发展中国家的城市人口还将超过农村人口，城市问题在发展中国家也将成为主要问题。

第二，发达国家的农村人口一直处于负增长状态，从1950年的3.7亿减少到2011年的2.8亿。而同一时期，发展中国家的农村人口却从14亿增至2倍以上的

31亿。发展中国家农村人口的增长意味着全世界的农村及农业问题都集中出现在发展中国家。

随着全球范围内的城市化现象以及城市问题重要性的增加，联合国于1976年在加拿大温哥华首次召开人类住区会议，两年后在肯尼亚的内罗毕设立了联合国人类住区委员会（现名为联合国人类住区规划署，United Nations Human Settlements Programme，简称联合国人居署），解决与全球人类居住环境相关的问题。

表 5-3　世界城市 * 及农村人口的变化与预测

（1950—2050年）（单位：1 000万人）

		1950	1970	2011	2030	2050
城市	发达国家	44	67	96	106	113
	发展中国家	30	68	267	392	512
	总计	75	135	363	498	625
农村	发达国家	37	34	28	23	18
	发展中国家	142	201	307	311	287
	总计	179	234	334	334	305

数据来源：United Nations, *World Population Prospects, The 2012 Revision*.
注：*城市是指人口超过2万人的居住区。

图 5-4　世界各主要区域的城市人口比例

（1950—2050年）

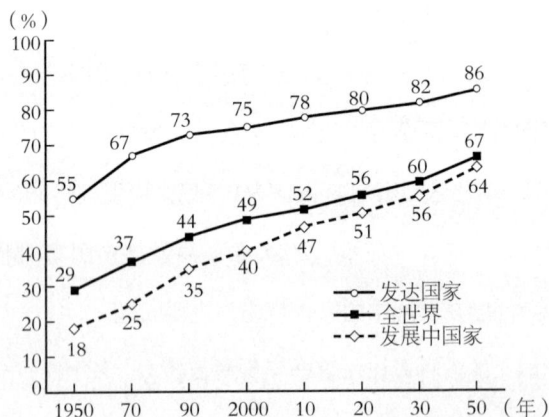

数据来源：United Nations, *World Urbanization Prospects, The 2001 Revision*; Ibid., *The 2012 Revision*.

第二次人类住区会议于1996年在土耳其的伊斯坦布尔召开，会议通过了《伊斯坦布尔宣言》和《人居议程》。这次会议讨论了城市化急速发展的各类问题，涉及贫民窟问题、城市人口过密、农村人口过疏、城市规划、土地及住宅问题、上下水道、交通、废弃物处理、建筑建材、住宅融资等广泛领域，强调了构建全球化协作网络以及政府与民间的伙伴关系的重要性。

这些会议提出了"人人享有居住权"和"打造可持续发展城市"等关键词。事实上，当今城市化迅猛发展主要基于两个因素：一个是牵拉因素，城市相对较高的收入和较多的就业机会将人们拉向城市；另一个是推挤因素，农村的过剩人口将苦于生计的人们推向城市。国内从农村走向城市的人口流动也会进一步表现为国际劳动力移动。

这些流入城市的农村人口有很大一部分生活在贫民窟。联合国人居署的报告显示，2001年世界城市贫民窟人口约为9亿2 400万人，预计到2030年还会增加一倍，达到20亿人。[1]这个数字意味着在发展中国家城市人口中，每两个人中就有一人住在贫民窟。为了防止出现这种最严重情况，国际社会迫切需要联合起来保障所有人的居住权利。

另一方面，生活在城市里的人们消耗的能源远远多于居住在农村的人们，对可利用资源以及环境问题产生更大的压力。近些年来，人们已经注意到城市化和人口过密导致灾害更加严重。如何通过节能、循环利用等环保生活方式实现城市生活的可持续发展已经成为一个重要课题。

此外，城市化发展使城市文化在世界范围内得到传播，其影响今后还需

------

① UN Habitat, *The Challenge of Slums: Global Report on Human Settlements 2003*.

要慎重分析。一方面城市化发展能够强化民主主义文化，而另一方面，在消费文化中随波逐流的大众社会迅速扩大，可能给网络犯罪或者政治煽动提供可乘之机。

今后，无论发展中国家还是发达国家，都需要推进可持续发展城市建设，并促进居民参与其中。

老龄化社会离我们还有多远？

随着城市化的发展，全球的人口老龄化问题也日趋严重。老龄化问题原本是发达国家所面临的人口问题，但随着收入的增加，正如在前文的人口转变理论中介绍的，发展中国家也出现了出生率下降，人口走向老龄化的问题。

如图5-5所示，欧洲各国在20世纪的一百年间，65岁以上老龄人口占总人口的比例从5%左右增至20%以上。日本的老龄化步伐更加迅速，1960年老龄人口占总人口的5%，1970年占7%，90年代中期超过14%，进入老龄社会。[①] 2013年，这一比例为23%，老龄人口超过21%的国家被称为超老龄社会。预计2030年，日本每3个人当中就有1个人是65岁以上的老年人。美国也面临着老龄化危机，但由于年轻人口不断流入，其老龄化速度要慢于其他发达国家。

老龄化社会的到来主要由以下两个因素造成。

第一，高收入国家由于医疗保健水平提高，人均寿命延长，OECD各国的平均寿命均已达到75岁以上。日本男性平均寿命是80岁，女性平均寿命是86岁。

---

① 一般认为65岁以上人口占总人口比例超过7%时进入"老龄化社会"（ageing society），而超过14%则被认为是进入"老龄社会"（aged society）。

图 5-5　各主要国家 65 岁以上人口的比例

（1970—2030 年）

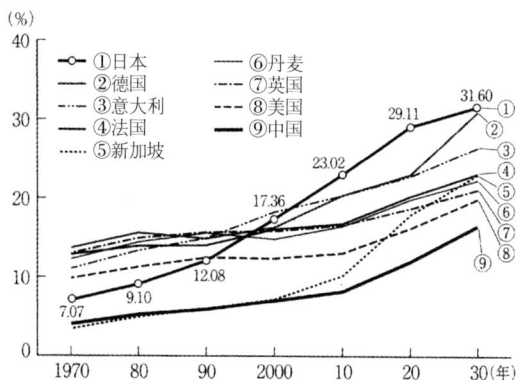

数据来源：United Nations, *World Population Prospects*, The 2012 Revision.

第二，由于人们更加重视生活质量，不再生育很多孩子，导致出生率降低和相应的老龄化进程。从图5-5可以看到，新加坡等新兴经济体和中国等实行计划生育政策的国家也在以更快的速度走向老龄化社会。新加坡和中国在1985年以前的老年人口比例均为5%左右，2010年升至8%～9%，进入老龄化社会，预计这两个国家的老年人口比例在2030年将分别达到23%和17%。到2050年，新加坡的老年人口将占总人口的32%，中国达到26%，均将继日本之后步入超高龄社会。

老龄化是国民收入增加、医疗保健水平提高的必然结果，但太快出现人口老龄化，步入老龄社会将会引发各种问题。

首先，这意味更少的劳动适龄人口（15～64岁）负担更多的被抚养人口（15岁以下和65岁以上），会导致劳动适龄人口负担过重。以日本为例，1960年平均每3名劳动适龄人口抚养1名被抚养人口，这个比例在2000年变为2人抚养1人，而到2050年将会变成1人抚养1人。因此，日本原有的养老金和医疗保险制度都变得难以为继，改革势在必行。

　　第二，急速老龄化会产生劳动力不足问题。日本的劳动适龄人口在1995年达到峰值8 717万人，随后开始减少，2011年的劳动适龄人口为8 103万人。如果按照这个趋势发展下去，到21世纪40年代，日本的劳动适龄人口将会少于6 000万人。[①] 要想维持当前8 000万劳动适龄人口的水平，日本每年需要引进约67万外国劳动力。

　　当然，老龄化社会绝不是灰暗的停滞社会。相反，老龄化社会有可能是更重视分享智慧而非竞争意识，更鼓励知识密集劳动而非体力劳动，对社会上的弱者给予更多关怀的和谐社会。为了建设这样的社会，我们必须要逐渐改变经济高速增长时期所形成的重视效率和竞争的价值观。

　　日本的少子老龄化进程在OECD国家中速度最快，"生育孩子的意愿"过低是导致日本走上这条（超）老龄化之路的原因。日本的总和生育率（total fertility rate，简称TFR）仅为1.3左右，即平均一对夫妇生育1.3个孩子，远远没有达到总和生育率为2.1的人口置换水平。

　　很多原因会导致人口生育率低下，比如晚婚、教育水平的提高、更加重视个人生活的价值观等等。但与欧美发达国家相比，日本还存在男女性别差距方面的原因。也就是说当女性希望兼顾工作和家庭时，托儿所设施或弹性出勤等社会支持制度尚不完善，或者很难得到丈夫的帮助和配合。因此很多人会犹豫再生第二个孩子。造成这种情况的因素，包括经济高速增长时期以来的工作优先思想，以男女平等为借口，无视女性所处的家庭和社会条件，在招聘和待遇方面歧视（看似）无法适应工作节奏的女性，同时也包括男性对这些男女差距的无动于衷和视

---

① 根据国立社会保障及人口问题研究所"日本の将来推計人口"2012年1月的预测中位值推算。

若无睹。

　　实施积极的家庭和女性支持政策可以提高生育率，法国和英国在这方面取得了成功。从 20 世纪 90 年代中期到 2010 年前后，法国的生育率从 1.65 提高到 2.0，英国的生育率也在同一时期从 1.63 升到 1.96。北欧国家的家庭和男女平等方面的政策更为先进，其生育率也更接近人口置换水平。日本虽然也设置了少子化对策大臣的职位，并一般任命女性议员来担任，但是由于这个职位既没有实权也没有预算，目前仍然没有推出有效的少子化对策。虽然现在已经出现了预兆，但不实际遭受社会保障体系崩溃、劳动力成本高到难以承受的惨痛打击，恐怕日本这个国家的政治就仍会永远沿着高速增长的老路，径直冲进深渊吧。

与外国人共同生活

　　不同种族、肤色、国籍的人们并肩工作，这是全球化社会的特征。

　　随着经济全球化的发展，人的流动也更加显著。其中除了人们首先会想到的跨国务工人员，还包括在国外工作的跨国公司员工，以及追求跨国文化和异国体验的留学生及研修生等。

　　当然最大的人流还是游客。如今全世界每年都有约 7 亿人，也就是全球每 9 个人中就有 1 个人会走出国境去旅游。日本 1980 年的出入境人数为 500 万人，2012 年增至 2 770 万人。其中的三分之二是日本人，90% 以上的人为了旅游而移动。

　　此外，随着经济全球化、发达国家劳动力短缺、新兴经济体的兴起，进行居住登记的外国人入境人数在全世界范围内都呈现出增加趋势。

表 5-4　OECD 各国以及俄罗斯的外国出生人口

（2012年）

	外国出生人口（100万人）	占总人口比例（%）
OECD	——	13.2
美国	40.4	13.0
俄罗斯	11.2	7.9
德国	10.7	13.1
英国	7.4	12.0
法国	7.4	11.6
加拿大	6.9	20.1
西班牙	6.7	14.6
澳大利亚	6.0	26.7
意大利	5.5	9.0

数据来源：OECD, *International Migration Outlook 2013* (http://www.oecd.org/els/mig/imo2013.htm).

　　21世纪前10年，每年移民美国的外国人数量约为100万人，移民德国、英国和加拿大的外国人数量分别约为80万人、50万人和25万人。[①] 劳动力短缺的俄罗斯也每年接收30万人左右，其他欧洲国家每年也会接收几万人。21世纪之后，日本每年约有30万人入境。如表5-4所示，在美国、加拿大以及大部分欧盟国家，出生在外国的人口在总人口中所占的比例为10%～20%。只有日本较少，仅占总人口的1.1%左右。

　　表5-5为日本的常住外国人登记人数的变化。2002年日本的常住外国人口为174万6 400人，2011年增至204万7 400人。其中中国人占33%，韩国及朝鲜人占26%，菲律宾人和巴西人各占10%，秘鲁人占2.5%，美国人占2.4%。这些外国人的居留资格并不仅限于技能、研修、演艺等劳动就业类型，还包括国际商务、投资及经营、企业内部调职、留学、研究、教育等多种情况。

---

① OECD, *International Migration Outlook, 2013*.

表 5-5　日本的常住外国人登记人数

（2002，2011年）

	2002年		2011年	
	（1 000人）	（%）	（1 000人）	（%）
中国	408.9	23.4	668.6	32.7
韩国及朝鲜	610.9	35.0	542.2	26.4
菲律宾	153.6	8.8	203.3	9.9
巴西	263.6	15.1	209.3	10.2
越南	20.4	1.2	44.4	2.2
秘鲁	45.1	2.6	51.5	2.5
美国	47.0	2.7	49.1	2.4
泰国	24.6	1.4	40.1	2.0
印度尼西亚	19.6	1.1	24.3	1.2
尼泊尔	2.8	0.2	20.1	1.0
其他	149.9	8.6	193.2	9.4
总计	1 746.4	100.0	2 047.4	100.0

数据来源：本表根据日本法务省入境管理局主页数据制作。

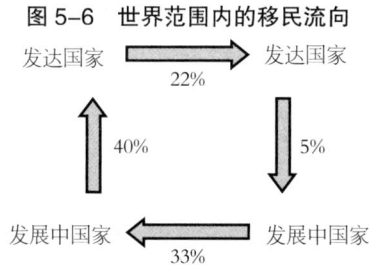

图 5-6　世界范围内的移民流向

发达国家　→　发达国家
22%

40%　↑　↓ 5%

发展中国家　←　发展中国家
33%

数据来源：盖洛普调查（2009—2011年）。International Organization for Migration (IOM), *World Migration Report 2013:* "Key Facts and Figures" .

　　世界移民的总体趋势并非仅有从发展中国家向发达国家的流动。图5-6是国际移民组织（IOM）根据盖洛普咨询公司的调查报告制作的全球移民趋向图。从该图可以看到，从发展中国家流向发达国家的移民占总数的40%，从发达国家流向发展中国家的移民只占5%，两者呈明显的非对称态势。这是基本上符合我们通常认识的双向流动趋势，但值得注意的是，从发达国家流向其他发达国家的移民达到了22%。这表明随着全球化的发展，发达国家之间的国际商务、研究开发、留学研修等交流也日益频繁。日本也不例外，按国籍来看，常住日本的美国人口数量在常住外国人登记人数中排在第5或第6名左右。

同样从该图还可以发现，发展中国家之间的劳动力流动占了33%。这与亚洲跨国公司的发展有着密切关系，大部分是劳动力从亚洲其他发展中国家向中东产油国家或者是亚洲新兴经济体的流动。中国从内地流向沿海地区的7 000万打工者其实也属于同样性质。

根据世界银行的统计，2012年全球侨汇收入（海外务工人员汇往母国的汇款）总额达到4 000亿美元。其中有150亿美元从美国汇出，50亿～60亿美元从德国汇出。从收款国来看，印度和中国分别为700亿美元和660亿美元，墨西哥和菲律宾也各自达到240亿美元。[①] 目前，侨汇总额已经相当于全球ODA（政府开发援助，2011—2012年度约为1 300亿美元）的3倍，成为全球跨国资金流动中不可忽视的力量。

随着劳动力的跨国流动日趋频繁，劳动力接收国内部也出现种族歧视复燃，或者高举排外主义大旗的政党上台等现象。比如美国次贷危机时最先被解聘的就是外国雇员。巴黎近郊的廉价租赁住宅区大多成为外国劳动者集中居住的区域，他们的子女面临着就业困难问题，成为导致社会冲突的因素之一。

但是应该看到，劳动力流动是全球化的必然结果，导致这种情况出现的除了劳动力供给方的推挤因素之外，缺乏劳动力的接收国方面的牵拉因素也起到了很大作用。

---

① http://www.bloomberg.co.jp/news/123-MDTH2Z6K50YB01.html.

　　日本于 2009 年修订入国管理法，将之前的外国人登记制度改为居留卡制度。此外，过去的研修生制度常常无视就业人员的劳动条件，现在也改为仅限职业教育领域，新制定的技能研修生制度在透明度方面得到了很大提高。

　　为了更好地与日益增加的外国人共同生存，我们仍然还有很多地方需要努力。比如外国人在日本普遍难以找到合适的居住场所，东京等地还有人堂而皇之地散步仇恨言论（hate speech，以特定种族、民族、国籍或性别的人或集团为对象，煽动敌意或仇恨的言论）等。为此，日本应该尽快批准并实行联合国的海外劳工权利保护条约及其他与人权相关的条约。此外，遵守劳动标准、尽早成立人权委员会，以及完善相关诉讼制度等也是迫在眉睫的任务。总之，创建能与外国人和谐共处的社会，需要普及关于多元文化共存的教育等综合政策。

　　本章考察了人口问题，接下来探讨粮食与农业问题。

第6章

人口与粮食的动态平衡

根据日本农林水产省的统计，每生产1千克鸡肉需要4千克饲料谷物，猪肉需要7千克，牛肉需要11千克。从粮食平衡的角度来看，消费肉类食品则意味着浪费了发展中国家低收入人口所必需的谷物。

谷物足够多，却仍有人在挨饿

如今，在北半球的发达国家，谷物获得史无前例的丰收，大片土地实行休耕制度；而非洲及其他发展中地区却不断遭受干旱或饥馑的困扰。

20世纪80年代前半叶，世界谷物总产量约为每年16亿～17亿吨，从80年代后半期到21世纪初增至17亿～18亿吨，21世纪前10年达到20亿～22亿吨水平。2010—2013年的谷物总产量为22亿～24亿吨。[1]但2006—2007年期间也曾经出现过期末库存（ending inventory）低于17%～18%的警戒线的情况，此外异常气候或者自然灾害也会导致谷物价格暴涨，全球的谷物供给并非一直平稳。

最近生物燃料的开发导致对谷物的需求急剧增加。这项需求导致2013年小麦、玉米、大豆及大米等主要谷物价格达到2004—2006年价格高峰期的1.4～2.3倍。[2]

---

[1] 联合国粮食及农业组织（FAO）统计数据库，http://faostat.fao.org
[2] 日本农林水产省网站："穀物等の国際価格動向"，2013年10月。

虽然谷物供需仍能保持平衡，但对全球人口中平均每3人就有1人所属的贫困阶层（平均日收入不足2美元的低收入者，第9章）来说，粮食价格高涨直接意味着生活将变得更为艰难。

关于全世界的谷物供给和需求，还有一点需要注意，如表6-1所示，世界谷物总产量的四成集中在人口仅占全球人口五分之一的北半球发达国家，而拥有全球五分之四人口的发展中国家却仅能生产六成谷物。

发达国家人均谷物产量为729千克，而发展中国家仅为206千克，不及发达国家的三分之一。

全球人均谷物产量为359千克，人类生存所必需的谷物数量为150千克，因此目前全球生产的谷物能够养活全世界人口的两倍还有富余，然而现实却如后文的表6-5所示，世界上仍然有8亿饥馑人口。这是因为有一半以上的谷物被用作家畜饲料。发达国家有七成，发展中国家有约一半的谷物作为饲料出售。随着新兴经济体的发展，人们对肉类食物的需求增加，需要用作牲畜饲料的谷物也随之增加。此外，发展中国家的耕地中有约六成左右并不生产本国所需要的粮食，而是种植用于出口的经济作物。

2010—2013年，全球谷物期末库存率约为20%，略高于安全警戒线。但是这一时期，美国发生了高温干燥、澳大利亚和俄罗斯发生了干旱，以及欧洲也出现了气候异常现象，谷物的供给仍然随时面临不稳定因素的威胁。

如表6-2所示，各地区之间在谷物供需平衡及人均营养供给量方面存在很大差距。例如北美地区的人均每日营养供给量是3 688千卡，欧洲为3 362千卡，日本为2 723千卡，而发展中国家的平均供给量是2 700千卡，撒哈拉以南非洲为2 360千卡，仅为OECD国家平均值的70%左右。另外根据表6-2还可以发现，就营养供给量中谷物所占比例而言，发展中国家一般达到50%～60%，而发达国家仅为30%左右，在恩格尔系数较高的发展中国家，粮食供给和粮食价格是极为重要的问题。

表 6-1　世界耕地面积、谷物产量和人口

(2010年)

	耕地面积 （100万公顷）	谷物产量 （100万吨）	人口 （100万人）	人均谷物产量 （Kg）
非洲	257	165	1 022	161
中南美	184	194	590	329
亚洲	553	1 216	4 046	301
中国	126	498	1 367	364
印度	170	268	1 225	219
发展中国家总计	994	1 575	5 658	206*
欧洲	275	407	738	552
俄罗斯、乌克兰、白俄罗斯	122	60	142	423
北美洲	203	447	345	1 296
大洋洲发达国家	5	35	27	1 296
日本	5	13	128	102
发达国家总计	488	902	1 238	729*
世界总计**	1 482	2 476	6 896	359

数据来源：本表根据FAO, *Statistical Yearbook 2012* 以及 United Nations, *World Population Prospects, The 2012 Revision* 制作。

注：*人均谷物产量的合计栏为平均值。

　　**世界总计数值为其他国家以及FAO推算数值的合计数值，因此与发展中国家和发达国家数值总和略有出入。

表 6-2　世界各主要地区人均每日营养供给量及谷物所占比例

	人均每日营养供给量（2009年）	谷物所占比例（2005—2007年）
北美	3 688kcal	22%
欧洲	3 362	30
日本	2 723	38
非洲	2 560	49
撒哈拉以南非洲	2 360	55
亚洲	2 706	56
中国	3 036	50
印度	2 321	60
拉丁美洲	2 951	37

数据来源：FAO, *Statistical Yearbook 2012*.

根据联合国粮农组织（FAO）2003年对2030年世界粮食产量的预测，世界粮食产量能够覆盖这期间预计增加的20亿人口，但需要通过：①扩大耕地；②增加水利、肥料等方面的投入；③提高生产率，中的一项或几项措施来实现。[①]

就扩大耕地而言，目前世界上可用作耕地的土地已经接近极限，再加上住宅用地和工业用地的快速扩张，这一点恐怕很难实现。不过，目前世界平均每公顷耕地的谷物产量为2.8吨，这一水平有望提高到每公顷3.5吨。实际上，目前有八成的耕地仍然依靠自然降雨进行灌溉，如果兴建灌溉设施或者增加相关的基础投入，生产率仍然具有提高余地，但也存在节约用水、过多投入化肥或农药导致公害污染、家畜的新型传染病，以及环境负荷等问题。短期之内，谷物短缺的国家还是需要通过国际贸易解决这一问题。

全球谷物贸易情况如表6-3所示。发展中国家2010年谷物净进口数量（进口与出口的差额）约为1亿6 300万吨。发达国家中，日本也有大约2 530万吨净进口。从北美、欧洲、澳大利亚和俄罗斯等地区和国家的进口填补了这些缺口，特别是北美每年出口谷物多达1亿吨以上，是名副其实的"世界粮仓"。

但是，这个发达国家养活发展中国家的模式并没有真正地体现出复杂的现实情况。

因为，第一，在发展中国家中也有像阿根廷（小麦）、乌拉圭（小麦）、泰国（大米）、越南（大米）、巴西（玉米、大豆）等谷物出口大国。第二，在一些新兴经

---

① FAO, *World Agriculture: Towards 2015/2030*.

表 6-3 全球谷物贸易

（2010 年）（单位：100 万吨）

	进口	出口	净差额*
非洲	66.4	3.6	△ 62.8
中南美	49.7	43.7	△ 6.0
亚洲及中东	138.2	44.1	△ 94.1
中国	11.8	1.3	△ 10.5
发展中国家总计	254.3	91.4	△ 162.9
北美	8.0	109.7	101.7
欧洲	71.7	118.4	46.7
俄罗斯、乌克兰、白俄罗斯	0.5	14.0	13.5
日本	25.6	0.3	△ 25.3
大洋洲发达国家	0.6	20.3	19.7
发达国家总计	107.2	248.7	141.5

数据来源：本表根据 FAO, *Statistical Yearbook 2013*, Table 37 制作。
注：*差额数据的不一致由统计误差产生。

济体，随着收入的增加，人们对肉类制品的需求增多，牲畜饲料所需的谷物贸易也相应扩大。最后，近些年来，为解决原油价格上涨问题，利用谷物生产生物燃料的技术得到发展，产生了新的需求，与人类的粮食需求形成竞争。

表 6-4 为 21 世纪前 10 年的各主要国家肉类消费情况。10 年期间，韩国、中国、土耳其、巴西和墨西哥等新兴经济体的肉类消费量增加了 20% 左右，俄罗斯增加了 50%。发达国家由于全世界经济处于萧条时期的原因，基本上没有变化。

日本 2012 年进口谷物 2 600 万吨，其中包括 1 600 万吨玉米、500 万吨大豆等，但绝大多数是牲畜饲料谷物。根据日本农林水产省的统计，每生产 1 千克鸡肉需要 4 千克饲料谷物，猪肉需要 7 千克，牛肉需要 11 千克。[1] 从粮食平衡的角度来看，消费肉类食品则意味着浪费了发展中国家低收入人口所必需的谷物。

---

[1] 日本农林水产省国际粮食问题研究会《食料をめぐる国際情勢とその将来に関する分析》，2007 年。

表 6-4 主要国家人均肉类消费量

(单位: kg)

	2000 年	2009 年
韩国	47.6	54.1
中国	48.7	58.2
日本	45.3	45.9
孟加拉国	3.5	4
泰国	26.3	25.8
印度	3.9	4.4
埃及	22.4	25.6
土耳其	21.9	25.3
加纳	10.4	13.9
马里	16.6	22.2
意大利	91.6	90.7
法国	100.9	86.7
西班牙	113.7	97
德国	84	88.1
俄罗斯	39.9	62.9
美国	123	120
巴西	75	89
墨西哥	55.1	63.8

数据来源: FAO, *The World Agriculture: Towards 2015/2030*.

此外如图6-1所示,最近生物燃料的生产和使用在一些国家得到了迅速发展。美国、巴西、欧盟和中国是燃料乙醇的生产大国或地区,2001年燃料乙醇的产量为210亿升,2011年变为910亿升,增加了3倍以上。预计这个数据到2021年还将再翻一番,达到1 800亿升。

生物柴油的生产始于2001年左右,2011年的产量是180亿升,预计到2021年将增加到420亿升。

燃料乙醇是使用玉米、甘蔗等进行发酵和蒸馏生产的乙醇,可直接加入汽油中使用。生物柴油使用各种植物油或废弃食用油再生而成,可与柴油混合为生物柴油燃料(BDF),其优点是燃烧后几乎不产生二氧化碳。

图 6-1　生物燃料产量的变化及预测

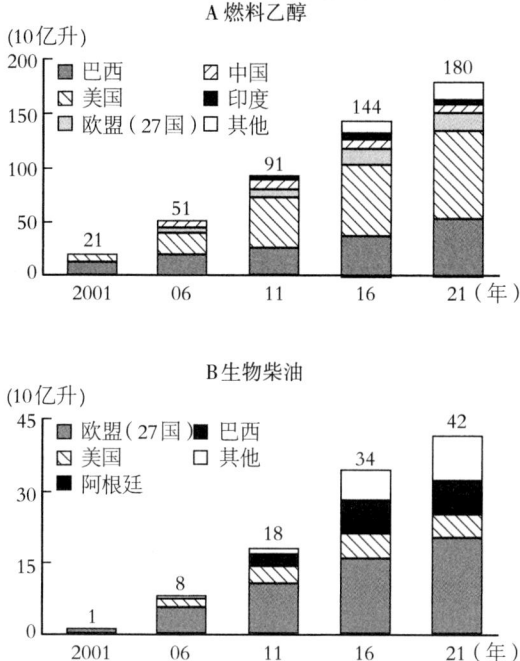

A 燃料乙醇

（10亿升）

图例：
- 巴西
- 美国
- 欧盟（27国）
- 中国
- 印度
- 其他

```
200                                                    180
                                           144
150
                                  91
100
              51
 50     21
      2001    06      11       16       21（年）
```

B 生物柴油

（10亿升）

图例：
- 欧盟（27国）
- 美国
- 阿根廷
- 巴西
- 其他

```
45                                                    42
                                           34
30
                                  18
15
               8
      1
 0    2001     06       11        16       21（年）
```

数据来源：日本农林水产省《平成24年度　食料·農業·農村白書》图2-1-6。

营养不良人口

牲畜、燃料都需要大量谷物，而发展中国家并无富余，再加上最近几年异常气候现象频发，全球谷物供需的未来不容乐观。

表6-5为关于发展中国家营养不良人口的情况。

基础代谢量（BMR）是人在安静状态下维持生命体征所需的最低能量，一般男性基础代谢量为900～1000千卡，女性为700～900千卡。联合国粮农组织将人们每天热量供给低于基础代谢量乘以1.54，即1000～1500千卡的情况定义为营养不良（undernourishment，此外营养不均衡的情况称为营养失调

表 6-5　世界营养不良人口状况

（1990—2030）（单位：100万人）

	1990—1992年	2005—2007年	2011—2013年*	2030年**
世界	1,015（19%）	907（14%）	842（12%）	——
发达国家***	20（≪5）	14（≪5）	16（≪5）	——
发展中国家	996（24）	893（17）	827（14）	443（6%）
非洲	178（27）	218（23）	226（21）	183（15）
亚洲	751（24）	620（16）	552（14）	235（5）
中南美洲	66（15）	55（10）	47（8）	25（4）
大洋洲	0.8（14）	1.1（13）	1.2（12）	——

数据来源：本表根据 FAO, *The State of Food Insecurity in the World 2013* 及 FAO, *World Agriculture Towards 2015/2030* 制作。
注：*为推算；**为推测；***≪5为低于5%

malnourishment），以此来推算饥饿人口的数量。也有些国家把体重低于标准体重30%的情况视为饥饿水平。

根据这一标准，1990年前后全球营养不良人口为10.15亿人，在发展中国家，平均每4个人中就有1人处于营养不良状态。21世纪前10年，发展中国家的营养不良人口略有降低，变为9亿人左右，2011—2013年的最新数据显示，这一数字继续降至8.27亿人，占总人口比例也下降到14%。但值得注意的是，实现了营养不良人口减少的主要是亚洲等经济增长较快地区，而非洲和大洋洲等地的营养不良人口的绝对数量仍在增加。此外，发达国家（东欧、北美、欧盟等）营养不良人口虽然不到总人口的5%，但也说明约有1 000万人处于营养不良状态。

发展中国家营养不良人口的变化如图6-2所示，2000年以后，营养不良人口的减少趋势变缓，从2000—2002年的9.39亿人变为2011—2013年的8.27亿人。

1996年世界粮食峰会的反饥饿宣言提出，到2015年将饥饿人口减少一半，降低到5亿人左右，但是这个目标并没有实现。此外，联合国千年发展目标（MDGs）也提出，到2015年将世界饥饿人口占总人口的比例降到12%，但按照2011—

2013年14%的水平来看，实现这个目标还需要当事国以及国际合作组织的更多努力。联合国粮农组织也制定了2015年将饥饿人口减少至6亿人左右，到2030年减少至4亿人左右的行动目标。

同时参照表6-4的主要国家人均肉类消费量可以发现，美国、欧洲等OECD国家的人均肉类消费量为每年90～120千克，日本包括水产品在内的肉类消费量为相同水平。而发展中国家的肉类消费量，除了中国及一些中南美洲国家之外，印度、孟加拉国仅为几千克，非洲和中东国家仅为10～20千克左右，即使加上鱼类，仍有不少国家的肉类消费量只有发达国家的十分之一。

此外，在发展中国家内部，由于社会阶层、地理条件及性别的不同，营养的分配也十分不均衡，体现了占世界人口一成以上的约8亿人处于饥饿状态的现实。这些社会底层的人们更容易成为灾害、饥馑以及冲突的牺牲品，被迫面对无法轻易逃脱贫困陷阱的悲惨现实。为了实现在今后十几年内使饥饿人口减少一半的目标，还需要从不断产生饥饿和贫困的社会结构着手。

图 6-2 发展中国家营养不良人口的变化

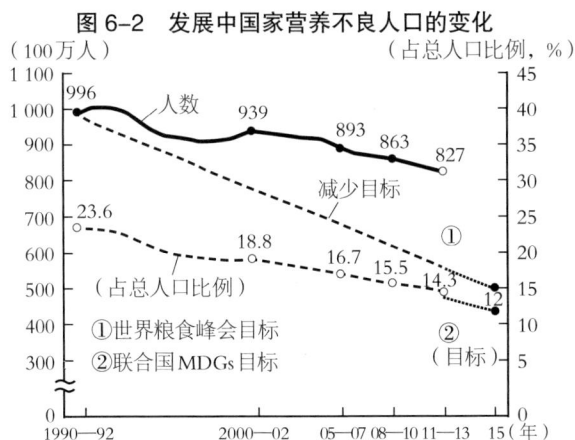

数据来源：FAO, *The State of Food Insecurity in the World 2013*, Table 1.

粮食自给率

图6-3显示了2009年各主要国家粮食自给率（按热量计算）。北美、澳大利亚和欧盟国家均处于65%～223%的较高水平。日本和韩国分别为40%和50%，因此在遇到灾害或粮食供需关系紧张时，更容易出现粮食安全保障问题。

欧盟国家的谷物自给率在欧共体成立之初的20世纪50年代中期为80%左右，到20世纪80年代前半期增至100%，目前为115%左右，可见欧盟对粮食自给的重视程度。实际上欧盟预算中的40%都是农业预算。从谷物自给率来看，发展中国家当中，泰国为144%，印度和中国均为100%，印度尼西亚为90%，这些国家虽然人口众多却取得了不错的成就。这主要因为以下两点原因。第一是20世纪70年代以后，发展中国家发动"绿色革命"，开发和普及新品种谷物，而且灌溉技术的革新也显著提高了生产率；第二是最近几十年来，随着发展中国家的工业化发展，本国可以生产价格低廉的农药及化肥，其在农业中的使用有了飞跃性的增加。

图6-3　各主要国家的粮食自给率和谷物自给率

（2009年）

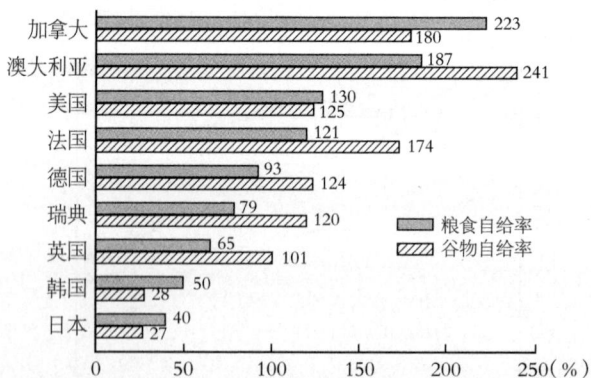

数据来源：本图根据日本农林水产省"世界の食料自给率"http://www.maff.go.jp/j/zyukyu/zikyu-ritu/013.html及"食料・農業・農村白書"2013年版，图2-2-5制作。

但是，日本和韩国的谷物自给率只有27%～28%，一些产油国为20%～30%左右，表明这些国家都是在国际分工体系下发展起来的。

事实上，如图6-4所示，日本的粮食自给率从20世纪60年代的80%左右下降到20世纪90年代的40%（按热量计算）。

这主要有以下两个原因。

第一,日本在经济高速增长时期制定了1961年《农业基本法》,实行稳定米价、补贴农民收入的制度，同时以"选择性扩大"为名，加强大米、蔬菜、水果及畜产品领域的基础设施建设和结构改革，推进其合理化发展。但其他领域却被支援制度拒之门外，农民不得不直接面对激烈的国际竞争，导致经营不下去的农民被迫离开土地到城市寻求生路。这个政策为工业化发展确保了劳动力的来源。也就是说，日本通过国际分工体系实现了经济增长，走上了工业化道路，而代价就是降低了粮食自给率，依赖从外国进口的粮食和资源。

图6-4 日本的粮食自给率和谷物自给率的变化

（1960—2012年）

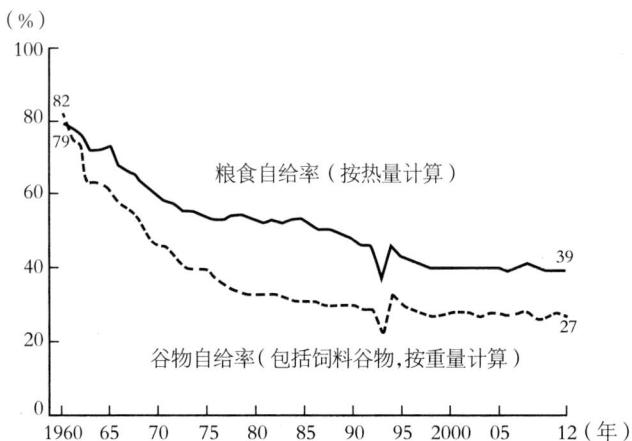

数据来源:本图根据日本农林水产省官方网站的数据制作。

第二，随着收入提高，日本人的大米消费量急剧减少，由1975年的88千克减少至2010年的60千克，肉类食品相应增加，导致家畜饲料谷物进口的增加，外出就餐的增加也导致餐饮业食材的进口增加。如果将日本进口的2 600万吨谷物按照每公顷土地产量为5吨的生产率进行换算的话，目前外国有520万公顷耕地被用来维持日本人的饮食生活，已经超过日本500万公顷的耕地总面积。

21世纪前10年，受经济萧条影响，日本农林水产品进口额未见明显增加，除2009—2010年受美国次贷危机影响减少至7万亿日元以外，一直维持在8万亿日元左右，但其中用于加工食品和餐饮业食品的原材料进口比例逐年增加。为了生产这些食品及畜产品，在国外使用的耕地面积预计还将再增加500万公顷。[1]也就是说，日本在国外使用着相当于国内耕地面积（其利用率由1960年的134%下降至2012年的92%）2倍以上的耕地。

现在，日本在国际分工体系下产生的这种国内农业缩小、依赖进口食品的情况正面临着一个重大转机。这也是日本在1999—2000年制定《粮食、农业及农村基本法》以及《粮食、农业及农村基本计划》（2010年修订）的背景。

日本农业政策的未来

战后日本的农业政策大致可以分为战后初期的粮食增产时代、高度增长时期的《农业基本法》时代以及2000年以后的《粮食、农业及农村基本法》时代。每个时代都分别与当时的国际形势有着密不可分的关系。

---

[1]《食料·農業·農村基本問題調查会答申》参考资料。

无论在哪个时代，都始终贯穿着确保粮食供给稳定的这条红线。受国际分工体系的影响，日本进行了农业合理化运动，以大米为支柱，对农业实行选择性扩大政策，使日本对进口粮食的依赖程度猛增。这条路线在20世纪80年代后半叶走到了尽头，因为政府为了按照保护价格收购国内生产的大米，产生巨额赤字，已经无法继续维持对大米的国家管理。另一方面，由于20世纪80年代以来的日美经济摩擦，包括被日本视为谈判禁区的大米在内的农产品的自由化问题开始成为重要课题。

全球化的背景之下，日本的粮食、农业和农村应该是什么样的？这也正是21世纪以后日本制定新的法律及基本计划的意义所在。

关键词　《粮食、农业及农村基本法》以及《基本计划》的意义

这项法律主要基于以下四个理念。第一，确保粮食供给的稳定，这个问题直接关系到粮食安全保障问题。第二，在稳定粮食供给的同时，发挥农业及农村的多元化作用，减少洪涝、滑坡、泥石流等自然灾害，保持水资源，提供优美的农业景观，维系和提供扎根于历史和传统的区域文化。第三，通过发挥上述功能，加强培养下一代农业人员，强化和发展农业的自然循环功能，进一步促进农业的可持续发展。第四，通过上述三个理念的实现，逐渐实现农村和城市的合作网络，在全国发展农村社区。

这四个理念的目标是到2010年将粮食自给率提高至45%，但实际上却是下降到了39%。在这个方面虽然没有实现预期效果，但其最终要实现农业和农村自立以及城市与农村互相协作的方向是没错的。只是为此还需要与区域社会的分权和自立相结合。

在全球化趋势之下，日本的农业政策当然也可以有多个选项。

一个选项是推进农业自由化，进一步提高对海外廉价粮食的依赖程度。另一个选项则是在继续享受国际分工体系带来的好处的同时，反思农业的作用，使其成为区域发展中不可或缺的因素。在新法律刚刚出台的21世纪之初，日本农业正在发生巨大改变。今后，日本的TPP加盟和亚洲自由贸易体制的发展必将推动农业进一步改变。

接下来归纳一下日本农业的基本情况。[①]

（1）日本农业的经营模式主要以小农经营为主。自战后农政改革以来，大约500万户农民经营500万公顷耕地，平均每户耕种1公顷的土地。政府通过对大米等主要产品向农民提供补助，以此确保了粮食供给的稳定。《农业基本法》从开始实施至今过了半个世纪，目前日本有160万户农民耕种着320万公顷的土地，平均每户耕地面积为2公顷。保护性农业政策的束缚已经渐渐放宽，农业自立成为一个大趋势。

（2）战后日本采取了工业立国路线，在当时国际分工体系下，农业缺乏魅力，务农者走向城市和工厂，农业成为留守产业，即主要依靠留在农村的老年人从事劳动。农业家庭的收入虽然高于城市工薪家庭的收入，但其中的主要部分却是副业收入。近些年来，随着大米价格低迷，农业生产总额下降，2008年农业家庭的平均收入为466万日元，大大低于城市工薪家庭641万日元的收入，其中还包括很大比重的非农业收入和养老金。[②]

---

① 数据源自日本农林水产省《食料·農業·農村白書》、农林水产省官方网站数据以及农林水产省《農林水産統計》2012年版。
② 农林水产省官方网站"農業所得と農業経営の動向"。

（3）日本是全球主要谷物进口国，每年大约进口2 600万吨，相当于国内产量的3倍，其中大部分被用作饲料。另一方面，由于政府的抑制农业政策以及农业人口的老龄化，2012年闲置土地面积达到40万公顷，相当于总耕地面积的一成以上。日本政府计划于2018年取消对大米种植面积的限制政策，这些闲置耕地在那之后会由什么样的人来如何运用，将直接关系到日本农业的未来。

（4）日本政府基于增强国际竞争力的视角，鼓励个人或法人对耕地进行大规模、集约化经营。目前日本农业的大规模、集约化经营正在有条不紊地展开，过去本州（在构成日本的北海道、本州、四国及九州四个部分当中面积最大的岛屿）很少有拥有20公顷以上土地的经营体，现在他们正耕种着30%以上的耕地。法人经营的数量从2000到2012年期间增加了2倍，占耕地总面积的6%。由脱离农协①的小规模农户组成的农场数量在2012年达到1.2万个。

（5）专业务农人口老龄化严重，2012年度65岁以上农业人口约为106万人，占总数的60%。另一方面，2011年新增农业人口较上一年多了5.8万人，增加7%，支撑地方农业发展的39岁以下新增农业人口也有1.4万人，呈现增加趋势。但有三成的新增农业人口会在5年之内离开农村，因此在务农的前期准备、耕地租赁、居住环境、技术及营销等方面，都需要政府的进一步支持。

（6）新增农业人口增加并不都是因为社会老龄化发展使地方籍贯的人回到农

---

① 农协，日本农业协同工会的简称，主要负责日本农产品的集中销售、农资产品的供给等。——译者注

村。农村与生命和环境直接相关，年轻农业从业人口的增加还体现了人们对农村评价的好转。随着经营规模的扩大，还出现了转基因农作物，消费者在选择食品时需要做出正确的判断。大企业陆续走向世界之后，对于日本这个成熟社会来说，农业将确立其重要地位，作为生命和健康之源的产业、保护环境的产业、发挥年轻人和女性主动性的产业，以及支撑区域社会的产业，拥有无限可能。

关键词　**转基因作物和食品**

在TPP谈判中，美国认为必须标识"转基因食品"（Genetically Manipulated Food, GM Food）的规定属于非关税壁垒。在美国的大规模农业当中，跨国公司开发的转基因技术广泛应用于大豆、玉米、土豆、甜菜、油菜籽、棉花等作物的栽培，借此培养出抗病虫害、耐农药或者可密集种植等品种来提高生产率。日本厚生劳动省允许进口包括上述8种农作物在内的共计169个品种（2012年3月），在2012年的这些进口农产品当中，有一半以上约2 000万吨是转基因作物。[①]从2009年起，日本也开始进口种子，栽培转基因作物。转基因作物对人类健康是否存在安全问题，现在仍在争论之中。根据消费者团体的强烈要求，能够检测出转基因成分的豆腐、味噌、纳豆、玉米类甜点等26个品种产品必须标注"转基因产品"。但是对酱油等难以进行基因检测的食品则没有明确要求，引起了消费者团体的反对。

---

① 农林水产省官方网站"遺伝子組み換え農作物の管理について"。

日本在加入TPP等国际自由贸易协定，并做出取消限制种植面积的政策等调整之后，对山间林地等耕种条件恶劣的耕地，将采取由政府直接发放收入补贴的补偿措施来保障耕地。但就整体而言，扩大经营规模、实行法人或集中经营、提高农产品质量、通过第六产业化增加附加值等已经成为日本农业今后的必然趋势。在这一点上，政府不能只是简单地把农业抛到市场经济的激烈竞争当中，而是需要结合20世纪末以来的确立区域主权的趋势，尊重地方分权和地方主动性的同时实现"农业的自立"。作为区域社会一方，则应该欢迎女性及年轻人提出新创意，开发能够调动人们积极性的业务内容，发展产销合作，将外国人当作区域社会的一员，而不是单纯看作研修劳动力，创造能够与其共同生活的社会。

关键词 **第六产业化**

农林水产业是第一产业，将农林水产品进行加工的产业属于第二产业，最终在流通领域通过直接销售或互联网将这些产品销售出去的产业属于三次产业，加工和销售环节都能产生附加价值。因此，如果能够控制生产、加工、销售三个环节（第一产业×第二产业×第三产业，即第六产业），生产者就可以获得更高的收入。特别是在流通领域直接掌握消费者的偏好和需求，农民就可以按需生产，从而减少生产和销售过程中的不必要浪费。遍布全国的"道之驿"① 等可以作为其展示平台。

目前，虽然发达国家和一部分新兴经济体粮食过剩，但考虑到世界整体的平

---

① 由各地方自治体和道路管理部门联合设置并在国土交通省进行登记的道路设施，一般集停车场、休息设施及区域振兴设施为一体，兼具上述3种功能。——编者注

衡，从中长期视角来看，全球粮食供需前景依然不容乐观。因为南北差距和贫富差距不断拉大、用于饲料或燃料的谷物以及面向出口的经济作物的争夺，以及全球性生态系统的恶化和气候异常灾害的频发都给粮食生产增加了更多不确定性。另一方面，随着经济全球化、投资和贸易自由化的发展，很多国家的农业和畜牧业都正面临着残酷的国际竞争。考虑粮食问题需要从国家主权、粮食主权的立场出发做出自主判断。粮食自给和农业发展问题一方面需要与区域自治、地方分权结合，另一方面还需要与发展环境保护和有机农业，推广慢餐（与快餐式的大量生产和大量消费相对，根据自己的价值标准来选择食物的饮食理念）相结合。

第7章

能源与资源——福岛核泄漏事故之后的思考

资源民族主义对习惯了19世纪以来的国际分工体系的发达国家造成了巨大冲击。经过20世纪70年代的两次石油危机,发展中国家开始推行国际经济新秩序,这才是20世纪后半叶资源危机的本质。

资源是什么?

随着全球人口激增和新兴经济体的发展,"资源枯竭""资源战争"等问题成为人们关注的焦点。早在石油危机爆发之前的1972年,讨论全球问题的智库组织罗马俱乐部就发表了名为《增长的极限》的研究报告,警告人们资源的极限将会导致经济停止增长。

经济增长确实需要消耗资源才能实现,但增长与资源的关系决不那么简单。思考这个问题,首先要从概念入手,即资源是什么?一般来说,资源是指人类经济活动利用的各种原材料的总称,分为不可再生资源和可再生资源。下文针对这两种资源,结合目前现状和面临问题,来考察工业社会所形成的常常会浪费资源的生活方式。

关键词　**资源**

　　资源大致可以分为两种：一种是能够以加工或未加工状态满足人类欲求的自然资源，包括鸟兽鱼虫等生物和土地、矿产、森林、水等非生物；另一种资源是组织生产活动、开发潜在资源所必需的，包括劳动力、技能、熟练程度及劳动热情等人力资源和科学技术、生产制度及组织等文化资源。更广义的资源还包括气候、地理等非消费性潜在资源，但本书将讨论对象限定为自然资源。

　　不可再生资源是指在一定时期内具有一定等级的储量和赋存量有限的资源，会随着人类的开采产生不可逆转的减少和枯竭，矿产资源都是不可再生资源。

　　可再生资源是指在一定时期内可以循环产生的资源，森林、水以及动植物大都属于可再生资源。不过当今的资源问题是，可再生资源也同不可再生资源一样面临着严峻考验，这一点下文还会详述。

石油和矿产资源会枯竭吗？

　　首先来看石油和矿产资源。

　　随着全球工业生产的迅速发展，对原料及燃料的需求也与日俱增。从 20 世纪 70 年代到 2010 年的不到半个世纪里，全球一次能源的消费量从 50 亿吨油当量增至 117 亿吨，增加了 130%。大部分增加的需求通过石油得到了满足。如图 7-1 所示，石油消费量从 1971 年的 24 亿吨（约占一次能源消费量的 50%）增至 2010 年的 41 亿吨。20 世纪 80 年代以后原油价格上涨，抑制了石油需求的增加，2010 年石油消费量占一次能源消费量的 30%，能源走向多样化发展。

图7-1　全球一次能源及石油消费量的变化

(1971年，2010年)

（亿吨油当量）

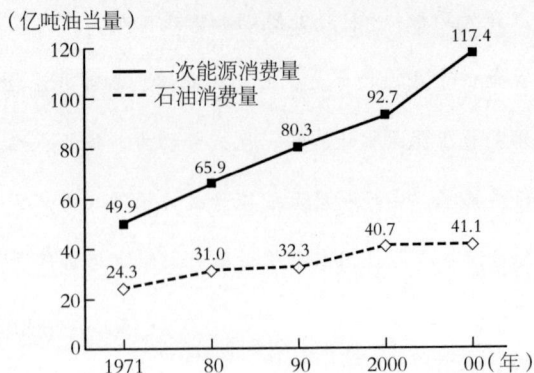

数据来源：本图根据日本能源经济研究所《エネルギー·経済統計要覧》2013年版，IV（2），（4）制作。

根据日本能源经济研究所的预测，21世纪前20年的全球一次能源需求将与20世纪最后20年同样维持每年2.1%左右的增幅，亚洲的需求增加预计为每年3.1%。一次能源的需求增加当然会带来资源需求的整体增加。

原料及燃料需求的急剧增加使得人们更加担心资源供给的稳定，实际上资源问题已经成为诱发国际冲突的主要因素之一。中东地区的种族冲突、海湾战争以及伊拉克战争的背后都存在与石油相关的地缘政治学问题。近些年来，中国在"资源大陆"非洲和各产油国积极开展经济援助和投资活动，借此确保获得石油资源。围绕东海及南海的油田和天然气田的开发问题，中国、日本、菲律宾及越南等国之间还产生领海争端。

关键词　中国的石油需求

中国是产油大国，2004年原油产量为1.6亿吨，2012年为2亿吨。经济高速增长使能源来源由煤炭转向石油，汽车和家用电器的普及也使石油消费量急剧增加，2012 年中国的石油消费量达到 4 亿吨，成为仅次于美国（8 亿吨）的世界第二大石油消费国（日本为 2 亿吨）。产量与消费量的差额部分依靠进口填补。目前中国每年进口石油 2 亿吨，在 21 世纪的前 10 年里增加了一倍。现在中国已探明的石油可采储量约为 114 亿吨，可供开采 71 年，但由于国内开采的成本偏高，中国的能源来源主要依靠价格低廉的国内天然气和进口原油。[①]

20 世纪 70 年代的增长极限理论认为，经济发展将遭遇资源稀缺性壁垒并停止增长，这与马尔萨斯的人口与粮食学说有相通之处。根据这个理论，资源储量（R）除以年产量（P）所得到的资源可开采年数（R/P）将会因年产量（消费量）的增加而迅速减少。水银的可开采年数为 13 年，铜、铅、锌、石油、天然气为 18～21 年，铝为 31 年，铂和镍为 47～52 年。铁、铬和煤炭略长一些，约为 93～111 年，但即使现存储量增加 4 倍，开采年数也只能延长几成而已。[②]

但是该结论发表之后又过了 30 年，以石油的可开采年数为例，1979 年预测的 27.1 年最低，1999 年预测为 43 年，2011 年底又增至 54 年。如表 7-1 所示，2011 年全球石油储量约为 1.65 万亿桶（每桶约等于 159 升，1.65 万亿桶相当于 2 340 亿吨），产量为每天 8 358 万桶（年产约 41.8 亿吨）。

---

① 日本能源经济研究所《エネルギー・経済統計要覧》，2013 年版。石油能源技术中心（JPEC）报告 "ますます高まる中国の石油対外依存度とエネルギー安定供給への取り組み"，2012 年 5 月。
② 罗马俱乐部关于人类困境的研究报告《增长的极限》。

表 7-1　世界原油已探明储量和产量

（2011年末）

	已探明储量 （10亿桶）	产量 （1 000桶/日）	可开采年数
亚洲及大洋洲	41.3	8 086	14.0
中国	14.7	4 090	9.9
印度尼西亚	4.0	942	11.8
印度	5.7	858	18.2
马来西亚	5.9	573	28.0
澳大利亚	3.9	484	21.9
欧洲及中亚	141.1	17 314	22.3
挪威	6.9	2 039	9.2
英国	2.8	1 100	7.0
哈萨克斯坦	30.0	1 841	44.7
俄罗斯	88.2	10 280	23.5
中东	795.0	27 690	78.7
沙特阿拉伯	265.4	11 161	65.2
阿拉伯联合酋长国	97.8	3 322	80.7
科威特	101.5	2 865	97.0
伊朗	151.2	4 321	95.8
伊拉克	143.1	2 798	＞100
非洲	132.4	8 804	41.2
利比亚	47.1	479	＞100
尼日利亚	37.2	2 457	41.5
阿尔及利亚	12.2	1 729	19.3
安哥拉	13.5	1 746	21.2
拉丁美洲	336.8	10 319	＞100
墨西哥	11.4	2 938	10.6
委内瑞拉	296.5	2 720	＞100
巴西	15.1	2 193	18.8
北美洲	206.1	11 363	41.7
美国	30.9	7 841	10.8
加拿大	175.2	3 522	＞100
OPEC总计	1 196.3	35 830	91.5
世界总计	1 652.6	83 576	54.2

数据来源：BP统计，日本能源经济研究所《エネルギー・経済統計要覧》2013年版，表Ⅳ-(39)(44).
注：OPEC（石油输出国组织）是主要石油生产国于1960年结成的跨国组织。其成员（2014年1月）有伊朗、伊拉克、科威特、沙特阿拉伯、委内瑞拉、卡塔尔、利比亚、阿拉伯联合酋长国、阿尔及利亚、尼日利亚、安哥拉和厄瓜多尔等12个国家。

关键词　**储量**

　　在现有技术、价格条件下，对某一种矿产所探测到的可开采储量为已探明储量。 在已探明储量的基础上，对包括未探明储量进行推测所得到的储量为推测储量。在推测储量的基础上，如果不考虑开采的技术难度及成本等要素，通过物理方式能够开采的所有储量为最终可采储量。储量与矿石定义、技术水平、技术进步、需求变化、为开采所付出的努力以及跨国公司战略等都有密不可分的关系，因此是一种随时变化的动态概念。

　　资源储量是一个动态概念，发生资源危机时，资源价格上涨，能源企业便会投入全力勘探资源，如果发现了新的油田或矿脉，储量就会增加。

　　20世纪70年代的阿拉斯加油田和北欧的北海油田正是在这种情况下开发出来的。最近的美国页岩油开发也是一个代表性事例。第一次石油危机时，印度被视为典型的贫油国，但后来在印度洋海域发现油田，印度成了亚洲屈指可数的石油储量大国之一。近些年来，巴西也开发了大规模的海底油田，一跃成为产油大国。表7-1数据显示，石油输出国组织（OPEC）生产的石油所占的比例从第一次石油危机时的70%，下降至目前的40%。此外，2011年俄罗斯是仅次于沙特阿拉伯的世界第二大产油国。

关键词　**石油峰值和油页岩**

　　最近，增长的极限理论又变成石油峰值论重新复活。石油峰值论认为矿山或油田的生产在达到顶峰之后，产量一定会转为下降，因此一个国家或者全世界的供需关系也会出现同样的情况。美国的原油产量在20世纪70年代前半叶达到6.2亿吨的峰值之后，90年代初期降到5亿吨，21世纪前10年又降至4.8亿吨，进口数量则随之出现相应增加，2010年美国有20%的原油需求依靠进口满足。增长的极限理论将资源储量看作是固定不变的概念，因此并不符合现实情况。石油峰值论则揭示了油田迟早会走向枯竭的事实，强调积极开发代替资源的必要性。①

美国于21世纪前10年开始利用剩余农产品开发生物能源。此外还借助于油页岩提取石油和天然气技术的进步，大力发展页岩气的生产。从油页岩中提取的石油和天然气分别被称为页岩油和页岩气。2010年页岩气占到美国天然气消费量的20%。美国前总统奥巴马曾在2013年度经济报告中宣布美国要在2035年实现能源自给。但压裂油页岩所带来的环境破坏，特别是化学药剂造成的污染已经引起人们关注，也有市民展开激烈的抗议活动。

为什么会发生资源危机？

石油和天然气之外的其他主要自然资源（矿产资源）储量如表7-2所示，在20世纪60年代至21世纪前10年期间，整体上呈增加趋势。铁矿石等的储量保持稳定或者略有减少，是这类资源高等级的产地很多，因而开采公司没有进行新的勘探。

那么，资源为什么会发生危机呢？主要有以下两个原因。

---

① 比如美国地质学家坎贝尔的主张值得参考，Colin Campbell, *The Coming Oil Crisis*, Multi-Science Publishing, 2004.

表 7-2 主要矿产资源的已探明储量

（1940—2010年）（单位：100 万吨）

	21世纪40年代	60年代	80年代	2010年
铁矿石	19 000	251 000	253 000	232 000
铜	100	279	511	600
铅	40	86	146	120
铝土	1 400	5 300	22 400	28 000
稀有金属*		锰630　钨3　钒14　钼10　钴7.5　稀土99.0		

数据来源：日本资源能源厅《資源エネルギー年鑑》1983年版；《資源エネルギー年鑑》2004—2005年版；2010年数据源自 U.S. Government, *Mineral Commodity Summaries*, 2013.
注：*稀有金属指非铁金属中工业用途较少的稀少金属。其中稀土作为发光材料、磁体、超导体等，是发光二极管、LED、光盘等电子产业必不可少的原料。全球供给地主要集中在中国、美国以及澳大利亚等国。

第一个原因是，一直以来都是发达国家的跨国公司廉价开采和转移发展中国家的资源，而发展中国家意识到了本国资源的重要性之后，开始确立资源主权，通过结成出口国同盟或者国际卡特尔等方式控制资源生产，对价格进行控制。这种资源民族主义对习惯了19世纪以来的国际分工体系的发达国家造成了巨大冲击。经过20世纪70年代的两次石油危机，发展中国家开始推行国际经济新秩序，这才是20世纪后半叶资源危机的本质。

关键词　**国际经济新秩序**（New International Economic Order, NIEO）

1973年第一次石油危机发生以后，在发展中国家的积极推动之下，联合国资源与发展特别会议通过了《关于建立国际经济新秩序的宣言》，确认资源生产国对本国资源拥有主权。在此之前，根据殖民地时代由列强国家强行制定的租借协定，这些国家都无法自由开发本国资源或者设定其价格。

石油输出国组织（OPEC）成立于1960年，其成员国借第四次中东战争之机组织停产，使原油价格从原来的每桶2美元猛涨到每桶7美元，铁矿石、铜、铝土、热带木材、天然橡胶等其他资源随后也出现了同样倾向。这就是资源民族主义。 第二次石油危机之后，石油输出国组织以产量调节为武器，20世纪90年代将原油价格维持在每桶100美元的水平。不过对其他资源，生产国却很难实现价格控制。

第二个原因是新兴经济体对能源的巨大需求。20世纪90年代以后，以金砖国家（BRICS）为代表的新兴经济体工业迅速腾飞，对能源矿产的需求急剧增加。虽然其中也有俄罗斯等资源出口国，但中国等国家则从石油等主要资源和粮食的出口国变成了进口国。

值得注意的是，新兴经济体为解决能源不足而积极开发核电项目。核电既可以补充能源不足，未来还具有发展成核力量的战略可能性。2010年新兴经济体的电力消费量为每人每年700～2 000千瓦，与发达国家的6 000～12 000千瓦（日本为7 800千瓦）相比，还有很大差距。但2030年之前，这个数字预计还将以每年5%～6%的幅度增长，因此引进核电项目也正是为了迅速提高电力供给能力。

日本资源能源厅2008年报告显示，截至2008年，亚洲的核电机组数量为日本53台、韩国20台、印度17台、巴基斯坦2台、中国11台、中国台湾地区6台，同时印度尼西亚、泰国、越南、马来西亚也正在计划建设核电站。日本企业集团已经成长为世界先进核反应堆制造商，他们也有意参与土耳其、越南等国的核电建设计划。

发展中国家对资源管控的增强以及全球能源需求的扩大，让习惯了依赖进口资源实现经济发展的发达国家感受到了资源危机。资源危机在国家之间引发了围绕国境或领海的争端、北极圈的竞相开发（New North）、伊朗等国的核扩散问题等。资源危机与全球民族主权和资源主权的动态表里一体。

关键词　**新北极（New North）**

　　受全球气候变暖影响，北冰洋附近海域的冰川开始迅速融化。冰川融化可以缩短欧洲与亚洲海上交通的距离，也使北冰洋海底储藏的大量资源具备了开发的可能性。为此，加拿大、美国、芬兰、冰岛、俄罗斯、挪威、丹麦、瑞典八国于1996年成立北极理事会（Arctic Council），旨在实现北极圈的可持续开发和环境保护等。生活在北极地区的原住民等6个社会组织可以永久参加会议。日本、中国、欧洲各国则作为观察员参加。有些学者将上述北极周边的国家称为新北极（New North），认为这里将成为今后世界经济发展的新的前沿阵地。

　　不可再生资源的危机，包括石油和其他自然资源，与其说是物理上的危机，不如说更是与发达国家和发展中国家之间的资源分配相关的危机。而可再生资源的危机意味着资源的可再生性本身受到威胁，因此问题更加严峻。接下来考察鱼类、森林及水资源的情况。

水产资源危机：烤鳗鱼为什么越来越贵？

　　20世纪60年代初期，全球捕鱼量不足4 000万吨，之后这个数据以每年6%～7%的速度增长，70年代后半叶维持在7 000万吨水平，80年代后半叶以后随着中国等亚洲国家捕鱼量的增加，1990年增至8 600万吨。全球捕鱼量在

2000年达到9 500万吨的顶峰（其中海洋鱼类8 600万吨、淡水鱼类88万吨），之后到2011年为止没有再出现增加。由于全球需求的增加，特别是发展中国家对鱼类蛋白质的需求、对鱼类作为健康食品的重新认识以及将鱼类当作家禽饲料的需求等，如图7-2所示，20世纪90年代以后，水产养殖开始显著增加，2011年的1亿7 800万吨消费量中，有一半是养殖鱼类资源提供的。

中国在此期间发展迅速，捕鱼量从1980年的600万吨增至2011年的6 600万吨，其中捕捞为1 600万吨，养殖为5 000万吨，成为世界上首屈一指的渔业大国。而同一时期，日本的捕鱼量则减少了一半以上，从1 112万吨下降至477万吨，其中捕捞渔业为386万吨，在世界渔业排名中位于中国、印度尼西亚、印度、秘鲁、美国、越南、菲律宾之后的第8名，与智利和俄罗斯持平。

日本捕鱼量减少一方面是因为国外进口水产品的增加，另一方面是因为沙丁鱼、日本鲭鱼等普通百姓最为喜爱的鱼类资源已经变得与明治时期的太平洋鲱鱼①一样，处于难以为继的状态。

根据自然增长的规律，如果只捕获每年新增加的水产，鱼类便不会灭绝。但近些年来受经济利益的驱使，人们通过拖网捕鱼、围网捕鱼等方法将高价鱼和低价鱼全都一网打尽，捕捞上岸后又将低价鱼随意丢弃浪费。此外，世界捕鱼量中有两成是用当家畜饲料，而非供人食用，所以鱼苗也会被捕捞上岸。因此如图7-3所示，最大持续产量（Maximum Sustainable Yield, MSY）难以持续，捕鱼量超过最大点之后，就会出现鱼类资源总量急速减少的现象。

---

① 太平洋鲱鱼在日本明治时期遭遇过量捕捞，原来大量生活在日本海附近的这类鱼种，目前只能在最北边的北海道周围海域偶尔可以捕到。——译者注

图 7-2 世界渔业及养殖业生产 * 的变化

（1960—2011年）

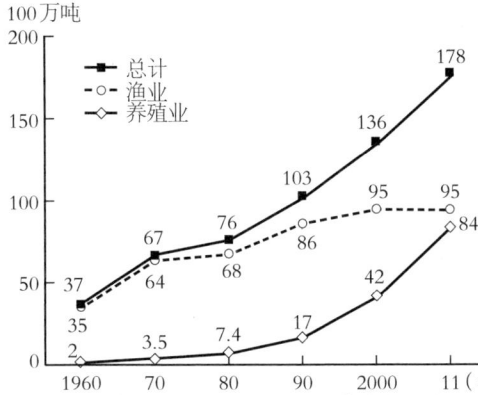

数据来源：本图根据日本水产厅《平成24年度 水产白書》参考图表Ⅲ-1制作。
注：*包括鱼、虾、贝类及海藻在内。

图 7-3 持续生产曲线

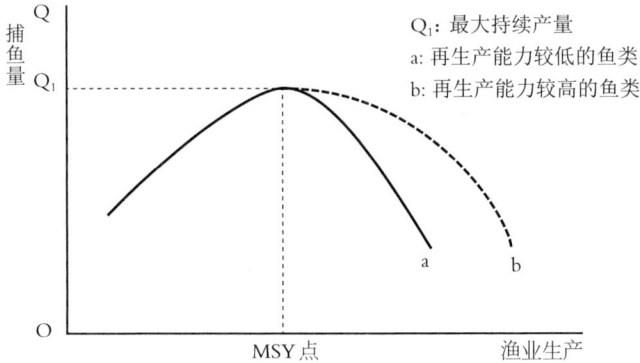

日本的沙丁鱼、鲭鱼、鲑鱼以及秋刀鱼遭遇到的就是这种情况。其中最常见的一种沙丁鱼在1999年达到35万吨的峰值之后，到2010年仅有7万吨。此外，鲭鱼的捕鱼量也从1998年的51万吨减少了2011年的39万吨。近些年来，白鲑鱼、秋刀鱼、鳗鱼类都出现锐减，鲑鱼及鳟鱼类捕鱼量从2001年的22万吨减少至2011年的15万吨，秋刀鱼从2008年的36万吨减少至22万吨。[①]大家听说比较多的是，鳗鱼的产量从高峰时的200吨减少至2013年的5吨，导致烤鳗鱼价格暴涨。

在太平洋和大西洋海域，日本人最熟悉的金枪鱼正面临着枯竭的危机，对捕鱼量的限制也逐年变得更为严格。日本人消费了全球金枪鱼产量的三分之一，应该对此负责。大西洋海域的鳕鱼主要被英国、北欧国家用来做成炸鱼片，太平洋海域秘鲁的小银鱼主要被用作饲料，这些鱼产量也急速减少。

关键词   **联合国海洋法公约**

《联合国海洋法公约》由1973—1982年召开的第三次海洋法会议通过，于1994年生效。《联合国海洋法公约》将领海海域从过去的3海里扩展到12海里，将领海基线200海里以内的范围划为专属经济区。该公约在加强了国家的海域管辖的同时，规定国际海底及资源作为人类共有的资产必须在国际海底管理局的管理之下进行开发。与资源的国际经济新秩序相同，《联合国海洋法公约》确立了海洋开发的秩序。

全球主要渔场，特别是在大西洋、太平洋以及地中海等海域，从20世纪末到21世纪初的几十年里均出现了显著减少。鱼类资源是人类重要的蛋白质来源，对世界各国的饮食生活来说，如何实现水产业的可持续性开发，是需要国际社会通力合作的重大课题。

[①] 水产厅《平成24年度 水产白書》参考图表 II -2。

消失的不只是热带雨林

20世纪90年代初,世界森林(指树冠面积占该地区面积二成以上的密闭林)总面积约为40亿公顷,其中约一半是热带雨林。半个世纪之后,热带雨林的面积大大减少,但发达国家的森林资源几乎没有变化。如图7-4所示,世界森林面积的变化(1990—2010年)以集中在非洲、南美等地的热带雨林减少最为严重。

根据联合国粮农组织(FAO)数据,热带雨林面积在1950到1995年期间减少了5亿公顷,在1996到2010年期间减少1.1亿公顷。如图7-4所示,中国、印度和越南等国的植树造林抵消了亚洲热带雨林的减少,最后面积显示为增加,因此过去20年期间,全球热带雨林的采伐量超过每年1 100万公顷。

21世纪前10年的全球性经济衰退期内,热带雨林采伐量略有降低,大约每年700万公顷。但在最近这60年里,全球已经有近三分之一的热带雨林消失殆尽。

图7-4 世界森林面积的变化

(1990—2010年)

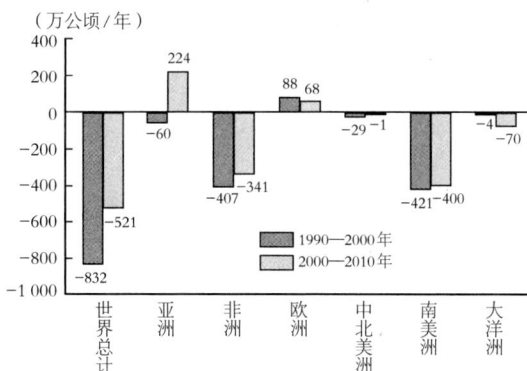

数据来源:日本农林水产省《森林·林业白书》2010年版,原图来自FAO, *State of the World's Forest 2010*。

从人工卫星上可以看到，亚马孙河流域为了种植橡胶或开发牧场，不断有大片的热带雨林被焚毁。近些年来，有些东南亚国家为了建设油棕种植园，大量焚毁热带雨林，出现了马六甲海峡被浓烟笼罩的情景。

减少的森林面积当中，有三分之二是因为国内需要种植经济作物或者开拓农牧业用地，或者为了烧荒发展农业以及砍柴取火，而其余面积的木材则被出口到了发达国家或新兴经济体。亚太地区出口的木材曾经有一半被日本进口，但近些年来，中国已经超过日本，成为仅次于美国的世界第二大木材进口国。

21世纪初，俄罗斯、北美国家以及欧洲各国成为世界工业用木材的主要出口国，发达国家的木材出口占总量的八成，由此可知热带国家的森林已经迅速失去了可持续增长性。发展中国家也开始大力发展附加值较高的胶合板等的出口业务，印度尼西亚、马来西亚及泰国等成为出口大国。

森林不仅能够生产木材资源，还会吸收二氧化碳，释放新鲜氧气。另外，森林在保持水资源、促进水循环、保障降雨、保护野生动物、防止泥土流失或防止侵蚀等领域也能发挥重要作用。特别是热带雨林中，栖息了大量的野生动植物，堪称生物多样性的天然宝库。

日本国土面积的三分之二被森林覆盖，森林的多元化功能确保了日本的国土多样性，为人与自然的和平共处做出了重要贡献。

关于森林采伐，很多国家都规定必须留下一定数量的树木，或者采伐之后必须更新造林，但是有的规定并未得到彻底遵守，或者造林后的养护不够导致树苗枯死现象严重。近些年来，由于小片木材也可以用于制造纸浆原料和胶合板，在大公司采伐掉大型树木之后，常会出现中小企业利用其留下的伐木道路继续采伐中小树木，导致林区被完全砍伐殆尽。

一旦森林大面积流失，整个生态系统将会随之发生急剧变化。洪灾泛滥、土壤流失、降雨减少、旱灾频发、大气中的二氧化碳浓度增加。森林的破坏将会导致人类生活走向贫困。

关键词　生物多样性（Biodiversity）

世界上所有的生物都生活在由陆地、海洋以及大气所构成的生命空间，它们通过竞争与合作共同创造了相互依赖的生存环境。也就是说，物种之间或者物种内部存在各种各样的变异和不同，这种多样性有助于生物链形成，确保生态系统的动态平衡。植物从土壤等无机物中生长出来，它们进行光合作用，通过细胞分裂而成长，动物摄取这些绿色植物，人类捕获或者饲养动物用来食用，而人死后又转变成无机物，这就是生态循环的一个侧面。人类从生态系统中获取生活必需品，如果市场经济对某一类生物产生大量需求，或者认定某一类生物有害，人类滥杀或者驱逐这种生物，轻易就会导致其灭绝。

目前世界上已知野生生物约有175万种（包括未知生物大概有700～2 000万种），随着人类对自然的开发、开垦以及气候变化等原因，野生生物的生存环境遭受巨大威胁，每天都有数百种生物灭绝。多样化的生物物种不仅可以在医药开发、农作物品种改良等领域为人类提供生物资源，还可以用于基因研究、物种再造，并为人类提供精神上的安宁和休憩的空间。此外，同一物种内部存在拥有不同基因形态的更多个体，也有利于在将来遭遇气候变化或重大病害时存活下去。众所周知，近亲繁殖会使后代中出现隐性基因，导致先天性疾病或缺陷，生物多样性能够防止生命活力的降低。

综上所述，生物多样性对于种的存续具有重要意义，并能使人类的生活更加丰富多彩。四成以上的地球生物生活在热带雨林,随着热带雨林面积的急剧减少,据估计自1990年以来全球约有5%～15%的物种已经灭绝。因此,联合国《生物多样性公约》于1993年生效,日本也加入了这一公约。该公约要求各成员国制定国家战略维护生态系统、物种、种内(基因)的多样性,保护可持续性生物资源,并规定了保护生物多样性的国际合作。根据该公约精神,生物多样性公约第10次缔约国会议(COP10)于2010年在日本名古屋市召开,通过了关于遗传资源的《名古屋议定书》和具体规定了2020年前行动计划的《爱知目标》。

水资源紧迫和水资源缺乏问题

最后来看水资源的情况。地球上的水资源总量约为14亿立方千米,其中包括97%的海水和3%的淡水。淡水资源不仅少而且大部分是集中在南极或北极的冰川,可供人类利用的淡水资源只占水资源整体的0.8%。[1]

地球上的水资源总量既不会增加,也不会减少。水通过在地表和大气之间不断循环来滋养生物。但是在非洲和中东的大部分地区,如果地表失去绿色,雨水就会深入地下深处,储存为地下水不再参加循环,导致干旱。全球气候变暖是造成植物资源和水资源丧失的重要原因。

除了这些自然原因,污染也导致了人类可利用水资源的减少。

在发达国家,几乎所有人都能得到安全用水的保障,但在发展中国家,特别是地方区域,只有极为有限的人口能实现这一点。联合国千年发展目标(MDGs)

---

[1] UNESCO, *World Water Resources at the Beginning of the Twenty-First Century*, 2003.

提出到2015年实现无安全饮水保障的人口减少一半，虽然相关方面为此做出了巨大努力，但截至2011年仍有8亿人口未能获得安全用水保障。其中的八成以上为农村人口，改善用水条件和普及卫生设备（发展中国家中仍有30%的人口未能使用适当的厕所设施，人数达到20亿）都是改善生活状态和守护健康的重要课题。尤其是在热带非洲和南亚地区，更需要解决这些问题。

水资源问题包括量和质两方面的问题。

在量的方面，包括农业、工业、能源、环境以及生活用水，如果每人每年淡水供应量低于1 700立方米，则处于水资源紧迫状态。

如表7-3所示，中东和非洲国家正处于水资源紧迫状态。每人每年的淡水供应量低于1 000立方米的情况被称为水资源缺乏状态，中东和非洲也有很多内陆地区常年处于水资源缺乏状态。

表7-3　世界各地区的水资源量

（2010—2011年）

	年降水量 （mm/年）	水资源量 （km³/年）	每人每年占有水资源量 （m³/人年）
世界	813	53 788	7 720
加拿大	537	2 902	84 483
瑞典	624	174	18 430
美国	715	3 069	9 802
瑞士	1 537	54	6 946
日本	1 668	430	3 399
英国	1 220	147	2 346
印度尼西亚	2 702	2 019	8 332
菲律宾	2 348	479	5 050
中国	645	2 840	2 060
印度	1 083	1 911	1 539
埃及	51	57	694
沙特阿拉伯	59	2	85
南非	495	51	1 019
布基纳法索	759	13	715

数据来源：日本国土交通省水管理及国土保全局水资源部《日本の水資源》2013年版，表1-2-1。

如果仅看生活用水，日本人均每天用水297升，[①]亚洲国家平均为150升，而非洲为60升，[②]只有日本的五分之一。在水资源紧迫地区，家庭生活极为艰难，运水和砍柴等工作给主妇们增添了沉重的负担。

预计在整个21世纪，尤其在人口增长率较高的发展中国家，水资源需求将会与日俱增。与尼罗河、恒河等国际河流相关的水资源争端频繁发生。受美国国务院委托进行的一份名为"全球水资源安全保障"的研究报告预测，2030年发展中国家将有近四成人口因为水资源紧迫而移居到河流沿岸地区。[③]该报告警告人们，过度取水导致的干旱灾害及大雨导致的洪水灾害、居住环境问题、传染病问题将会成为威胁人类安全的问题。

2003年在日本京都、滋贺和大阪三地召开的第三届世界水资源论坛除了水资源缺乏、安全用水问题之外，还讨论了一些迫在眉睫的紧急议题，包括全球化背景下的民营化经营使原本就缺水的贫困阶层更加难于获得安全用水的问题，以及水资源关系到人类和平和安全保障的问题等。

水资源缺乏问题会与全球气候变暖和异常气候现象引起的干旱、高温、沙漠化、洪水等灾害一起产生叠加作用，造成贫困的恶性循环。

除了量的不足之外，水资源在质的方面也存在严重问题。受城市化和工业化影响，公害导致水污染的问题屡见不鲜。根据英国《经济学人》杂志2013年10月12日的报道，中国的河流及湖泊污染十分严重，七大水系全都不适合饮用和洗浴。表7-3中的中国年度人均水资源量为2 060立方米，但实际上受污染影响，

---

① 日本国土交通省《日本の水資源》，2013年版。
② FAO，Aquastat.
③ Intelligence Community Assessment, "Global Water Security" ,2012.

真正可用的水资源目前仅有400立方米，处于水资源缺乏状态。

可利用水资源的量的问题与保障水质安全的问题密不可分。2013年10月在日本水俣市①召开的政府间会议通过了《关于汞的水俣公约》，期待日本能够借此机会发挥本国经验，为解决世界各地的改善水质、安全供水问题做出更多贡献。

水是人类生存所必需的最根本的共同财产，人们在节约用水，发展水资源的回收再生和分类使用的同时，还应该减少污染，增加可用水资源量。

以上考察了鱼类、森林以及水资源等人类生活必不可少的可再生资源的现状，目前很多人正面临着如何实现这些可再生资源的可持续利用的难题。如今地球上受到最大威胁的资源其实正是可再生资源。

能源都被用到了哪里?

如表7-4所示，如今的全球能源问题，绝大多数都是因为富裕的发达国家的浪费和贫穷的发展中国家的缺乏同时存在而产生的。贫穷的发展中国家把本国生产的大部分能源资源出口到富裕的发达国家，支撑着发达国家的高消费水平。

美国的人均能源消费量是亚洲平均水平的4倍以上，是印度的17倍左右。日本的人均能源消费量是亚洲平均的2倍，是印度尼西亚的5.6倍。印度尼西亚2010年的原油产量是5 000万吨，其中有一半出口到国外。从表7-4还可以发现，除大洋洲之外，发达国家基本上都是石油进口国，而发展中国家则是石油等化石燃料的出口国。在前社会主义国家之间曾经存在严格的分工体系，即俄罗斯提供资源，

---

① 水俣市在20世纪50年代因水污染公害疾病"水俣病"而知名，相关工厂排放含汞废水导致附近海水污染，人们食用海产品之后引发疾病甚至死亡。——译者注

乌克兰等提供粮食，中亚各国提供原材料，这种情况在苏联解体之后也依旧存在。

各类资源当中，能源资源尤为重要，因为能源是获取其他资源的保障。没有能源就无法生产，也无从保证人类的生活。在能源资源中占有最重要地位的石油和天然气领域，仍然是发展中国家在供养着发达国家。

日本的能源消费如图7-5所示，2011年工业部门占46%，货物及旅客运输部门占25%，家庭及服务业等民生部门占28%。

而在欧洲各国，能源消费比例为工业部门23%，货物及旅客运输部门27%，家庭及服务业等民生部门占41%。[①]可以预测，日本将来也会出现工业部门的能源消费减少，民生部门增加的情况。

表7-4　世界主要国家的能源均衡问题

（2010年前后）（单位：100万吨油当量）

	生产（A）	消费（B）	（A）-（B）	人均消费量（Kg油当量）
世界	10 987	10 021	——	1 480
OECD各国				
美国	1 534	2 100	△566	6 738
日本	35	406	△371	3 190
德国	89	285	△196	3 458
法国	48	177	△237	2 859
英国	159	203	△44	3 317
韩国	15	164	△149	3 405
俄罗斯	1 278	662	616	4 685
发展中国家				
亚洲	5 205	6 502	△861	1 548
中国	1 718	1 763	△45	1 318
印度	370	468	△98	396
伊朗	323	188	135	2 569
印度尼西亚	283	128	155	565

数据来源：*United Nations Statistical Yearbook 2012 edition*, Table3 and Table 45.

———————

① 日本能源经济研究所《エネルギー・経済統計要覧》2013年版，表1-2-（10）。

图 7-5 日本最终能源的不同消费部门构成比例

（1980—2011 年）

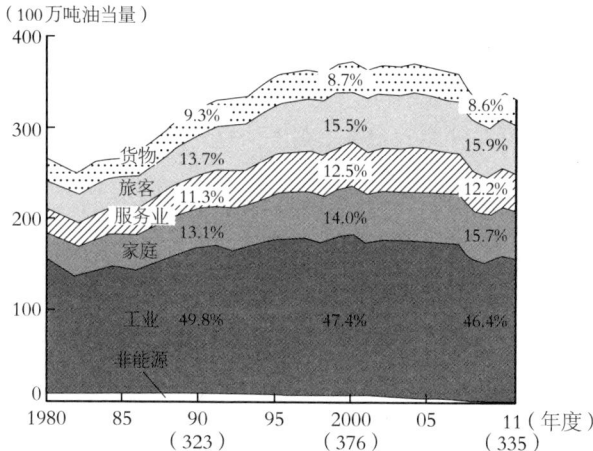

数据来源：本图根据日本能源经济研究所《エネルギー·経済統計要覧》2013年版，表I-3-（1）（2）制作。
注：（ ）内为最终能源消费量（单位：100万吨油当量）

这意味着在21世纪的前几十年里，必须使能源消费总量维持在不超过4亿吨油当量的水平，进一步节约能源，同时采取促进能源消费从工业部门向民生部门（家庭及服务业）转换的政策。也就是说要在民生领域大力发展第三产业、知识密集型产业、各种创业，以及区域层面的集中取暖等。

自石油危机以来，日本工业在节能领域已经取得了显著进步，在钢铁、石油化工、水泥、平板玻璃、电气设备、汽车制造等众多领域，都通过操作管理、能源回收、改造工艺等措施大幅提高了单位能源的利用率。

因此，虽然1990年前后曾经被预测会在10年后达到6亿吨油当量的水平，由于节能技术的进步再加上经济一直处于低速增长的状态，日本的能源消费量仍然维持在4亿吨以内，2011年为3.34亿吨。节能技术也是日本工业值得向全世界推广的特征之一。

　　日本包括石油、煤炭、天然气以及核电原料铀在内的几乎所有能源都依靠从外国进口。日本的粮食自给率只有40%,而能源自给率则更低,仅一成略多。2011年度日本进口原油2亿吨、液化天然气(LNG)7 000万吨、煤炭1.75亿吨。①为了维持当前过于富足的生活,日本不得不依赖外国的资源和粮食,也正因为如此,我们应该时刻牢记,世界和平与日本密切相关。

　　图7-6显示了2011年日本的一次能源构成,石油、天然气约占70%,煤炭占23%,水力、太阳能以及地热等自然能源约占5.5%。核电在1995—2010年期间一直占12%～13%的比例,但2011年只有4%,因为在这一年的"3·11"大地震中,福岛第一核电站发生了堆芯熔毁的重大事故,日本国内所有核电站全部停止运作。

　　如图7-6所示,一次能源构成比例在1955—2011年期间的变化反映了一些含义深刻的问题。

图7-6　日本一次能源国内供给构成的变化

(1955—2011年)

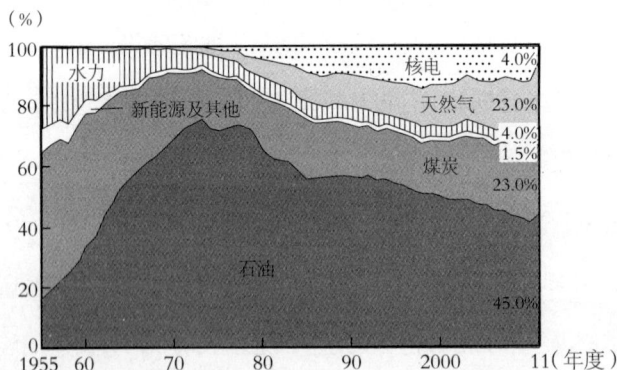

数据来源:同表7-3,I-2-(6)。

---

① 日本能源经济研究所:《エネルギー・経済統計要覧》2013年版。

第一，日本经济高速增长时期，最初主要依靠煤炭和水力供给能源，也利用了一些太阳能、风力以及地热等新能源。但在经济高速增长时期以后，日本开始依赖海外进口的石油、煤炭、天然气等化石燃料，国内的自然资源开发和利用体系则被晾在一边，完全看不到与欧洲各国同样的为提高本国资源自给率所做的努力。

第二，20世纪70年代以后，受石油危机及国际经济新秩序的冲击，日本开始计划和开发核电。截至2011年的"3•11"大地震，日本正在建设或运行的核电机组数量为53台。尽管原料铀需要依靠进口，核燃料废物也要委托国外处理，日本主导能源政策的权力集团却强词夺理地将这种发电体系称为国内自给能源，并设想到2010年将核电在一次能源供给中所占的比例提高到16%。然而事实是，以2000年的13%为顶峰，之后日本的核发电能力一直未见增长，2011年地震之前几年也都维持在10%的水平。

核电权力集团预想的核燃料循环由于故障频发无法完成，各核电机组因各种原因导致检修周期过长，平均运转率低下，2009—2010年日本核电站的运转率为平均66%，这些原因都导致核电未能在一次能源中占据更大比例。在这种困难重重的情况之下，日本仍然不断发展核电，主要有以下几个原因。

第一，在无法确保中东石油供给稳定的情况下，开发和引进核电则更符合日本的亲美政策。日本核电所需的铀有三分之二从加拿大、澳大利亚及美国进口，其余部分来自非洲。

第二，日本最早从美国和英国进口核反应堆，而现在却成长为世界屈指可数的核反应堆相关设备和零件的供应国。目前，三菱重工（同法国阿海珐公司合作）、东芝（收购了美国的西屋公司）、日立（同美国通用电气合作）等公司已经成为引领世界核电市场的大企业集团。[1]核电市场为日本提供了丰厚的出口机会，为了确保核电设备的出口和之后的维护、管理业务顺利进行，国内必须广泛开展核电事业。

第三，核反应堆与核武器原理相同，有政治家认为保有核反应堆可保证将来拥有核武器的可能性。因此，2014年初内阁会议通过的新能源基本计划无视福岛核泄漏的惨痛教训和日本民众的反对声音，仍然维持了核电发展的原有方向。

根据能源比例构成情况，以下方面的问题与我们的日常生活密切相关。

第一，减少石油和煤炭等导致全球气候变暖的化石燃料的比例。为此需要改变人们的生活方式，逐渐习惯节能型生活。

第二，民主党执政期间在全社会范围内广泛开展针对核电的开发和利用的讨论，制定了在2030年实现能源无核化的远景展望。但后来的安倍政权未经过任何讨论就采取了逐渐重启核电开发的政策。日本必须吸取福岛核泄漏事故的教训，在国民参与的基础上才能制定关于能源供给和利用的未来规划。纵观全球，共近500台核电机组在半个世纪的运行程中，发生了美国三里岛核泄漏事故（1979）、苏联切尔诺贝利核事故（1986）、日本东海村临界事故（1999），以及2011年的福岛核泄漏事故。核事故的发生以及无法处理的核废料和污染水将给人类、动植物、土壤、大气和水资源带来严重后果，因此绝不能再允许执政者在国内未展开充分讨论的情况下，以自上而下的方式重启核电项目。

第三，在利用世界储量比较丰富的天然气、新型燃料（如煤制油、页岩油、页岩气及生物燃料等）的同时，还应该大力发展可再生能源和自然能源。为此需

---

[1] 核电资料信息室《原子力市民年鑑2013》第2部11"原子力产业"。路透社新闻邮件"世界の原発ビジネス、'フクシマ'が新たな商機に"2011年5月12日。

要瓦解经济高速增长时期形成的电力垄断（核电权力集团只是其中一角），实现能源供给和使用的民主化，同时制定与地方分权相结合的能源自给政策。

目前，瑞典、瑞士、德国、意大利等国已经宣布逐步停止使用核电。在去核电化的世界潮流之下，发展中国家也出现了为子孙后代保留资源的趋势。我们在发展节能技术的同时，还必须考虑能源的循环再生，以及在区域社会发展中小规模能源的生产和使用。

第 8 章

兼顾发展与环境，建设循环型社会

可持续性发展意味着保持发展与保护的平衡，让子孙后代也能享受到大自然的恩泽。

工业化发展今后仍将继续

在近代化以前的农村社会，村里一般有铁匠等手工业者。妇女们使用织布机织布。那时没有工业从共同体的生产活动中游离出来，肆意支配社会的情况。

然而在工业革命前后，工业从区域共同社会中独立出来，追求自身的发展逻辑，开始凌驾于其他经济活动之上。工业化的逻辑具有以下特征。

第一，通过工业化实现财富积累，需要大多数国内人口转移到工业领域。在这种思想之下，农村的土地被集中到大地主手里（圈地运动），失去土地的农民成为工厂劳动者。工业化伴随着资本家与劳动者之间的阶级对立。

第二，工业化追求规模经济效应，通过增加生产降低单位产品成本，通过扩大生产规模来提高经济效益。规模经济有利于降低平均成本，扩大利润，继续扩大投资。由此形成了大量生产、大量消费这种工业社会所特有的生产及生活方式。相反，农业社会由于边际收益递减规律，即使增加劳动力和资本的投入扩大生产规模，也很难获得更高的经济效益。

第三，工业化倾向于使其他经济活动从属于自己。大规模的工业化发展需要大量原材料和能源。即使其他社会农工商比例均衡，工业化社会也会支配这个社会，使其变为专门提供原材料和能源的单一文化社会。工业社会产生了只生产初级产品的单一文化社会。这种现象出现于19世纪，如今已经成为南北问题的根源，即不合理的国际分工体系。

第四，农业直接从自然获得收获，工业却要加工自然才能成立，因此更容易与自然对立。加工自然原料的过程中不可避免地会产生废热和废物。一些追求经济效益最大化的企业不在内部处理这些废热和废物，而是把它们抛给自然和环境，这就是公害问题。预防公害的投资可以在一定程度上减少废热和废物，但从整体上看，随着工业化发展，废热和废物仍在增加。物理学上把这种人类无法处理的污染能量叫作熵（entropy），将热力学第二法则叫作熵增加原理（热力学的第一法则是能量守恒定律）。工业化会带来大规模的公害和环境破坏。

当今世界的发展都是以工业化为中心实现的。图8-1显示了发展与保护的关系。

我们从自然世界中提取资源，将其投入（input）到生产过程。在生产过程中，原料被加工制成产品。产出（output）的产品经过流通过程和消费过程，最终被作为废热、废物丢弃。值得注意的是，资源提取、投入生产、制造、流通、消费等所有过程都会不断释放废热和废物。因此自然中会聚集其越来越多的熵，破坏环境和生态系统。

图　8-1　发展与保护的关系

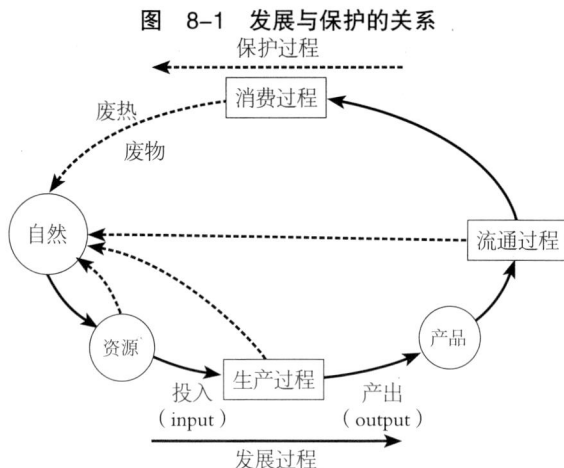

注：本图以逆时针方向展示了发展的过程，所有的过程都会向自然排放废热和废物，即意味着熵
　　的累积。这是生态系统恶化的最根本原因。要减少熵污染，需要在所有的过程都减少废热和
　　废物的排放。

　　图8-1中的实线表示发展的过程，虚线表示保护的过程。只有两者达到平衡，发展才可能持续。但人们常常忘记保护，只把精力用于发展，导致生存环境和生态系统不断恶化，开发成本增高将使我们的子孙后代难以发展，使发展的可持续性受到威胁。可持续性发展意味着保持发展与保护的平衡，让子孙后代也能享受到大自然的恩泽。

　　经济学伴随着工业化的发展而发展，一般都侧重于计算一定的投入能够带来多少产出，而对产出同时会带来多少自然破坏和环境污染，即对熵污染的测算却鲜有关注。可见，学术体系具有意识形态性质，是服务于某种特定利益的。

关键词　**可持续性发展**

　　英文sustainable development中的sustainable的后缀"able"（可能）体现了发

展的可持续性正令人担忧。发展（development）指人类从自然获取最大利益的行为，保护（conservation）指人类直至子孙后代都从周围的自然获取最大利益的行为。这是1987年联合国发展与环境委员会（俗称布伦特兰委员会）报告所做的定义。也就是说，人类如果只为自己或者自己这一代人获得最大利益而发展，将会威胁到子孙后代生产及生活的可能性。因此为了实现可持续性发展，就必须努力去保护。

工业化逻辑破坏了自然和环境，也带来了财富的积累和生产力的提高，带来了城市文明的舒适和便利，也带来了能够支配其他社会的实力。正因为如此，那些工业化发展被长年抑制，或者说不得不保持非工业化状态的发展中国家，一旦获得了独立，便立刻开始朝着工业化道路突飞猛进。1970年拥有世界三分之一人口的发展中国家工业化比例只有10%，而2010年，这个比例已经超过了25%。

特别是很多拉丁美洲国家，工业生产占GDP的比例已经达到30%～40%，与发达国家相差无几。现在亚洲国家正处于奋起直追的时期，工业产值占GDP的比例约为20%～30%。2012年中国的粗钢（7亿吨）、汽车（1 900万辆）、彩色电视机（1亿台）、智能手机（5亿部）、计算机（3亿台）、化学纤维（3 000万吨）、通用塑料（4 000万吨）、氮肥及磷肥（5 500万吨）等多种工业制品产量都已跃居世界第一。2007年以后，中国超越美国成为世界最大的工业制造国。[①]世界工厂正在向以新兴经济体为代表的各发展中国家转移。在全球化的大潮之中，发展

① 此处所引数据源自联合国统计局数据库UNStat，以及矢野恒太郎纪念会主编出版的《世界国势图会》，2013-2014年版。

中国家以及中东欧的工业化发展高峰预计在今后仍将继续。

二氧化碳排放的增加

随着全球工业化发展高峰，环境压力与日俱增，人类赖以生存的自然环境和生态系统也发生了变化。生态系统改变会影响到人类的健康和生命。在各种变化当中，本书将考察二氧化碳排放的增加、沙漠化、以及灾害的增加和新型传染病的流行等。

19世纪后半期的工业化之前，大气中的二氧化碳浓度约为290ppm，如图8-2所示，一个世纪过后的1985年，二氧化碳的年平均浓度上升到345ppm，2010年为390ppm。

二氧化碳的增加与人为二氧化碳排放成正比，根据联合国政府间气候变化专门委员会（IPCC）的第五次评估报告预测，到2100年空气中的二氧化碳浓度将达到540～940ppm。

二氧化碳本身并非有毒气体，它在动物新陈代谢的过程中被释放，经过植物的光合作用被吸收。但是大气中二氧化碳浓度的上升会产生温室效应。它能使太阳的光和热辐射到地球，同时阻碍地表热辐射向外部空间疏散，并将其再反射回地表。导致全球变暖的物质除二氧化碳之外还有甲烷、氟利昂等气体，二氧化碳所占比例最大，占温室气体的60%左右。

根据IPCC报告，20世纪的100年间，地球的平均气温上升了0.6℃，海平面上升了17厘米。按照目前的二氧化碳增加速度，21世纪末全球平均气温将会上升1.4～5.8℃。其结果是，南极和北极的冰川将会加速融化，海平面可能会继续上升26～82厘米。气候异常现象将会引发洪水、巨浪、暴雨、龙卷风、飓风等频繁发生，可能将有大面积的陆地被海水淹没。

图 8-2　全球大气中二氧化碳浓度的变化与人为二氧化碳排放量累计

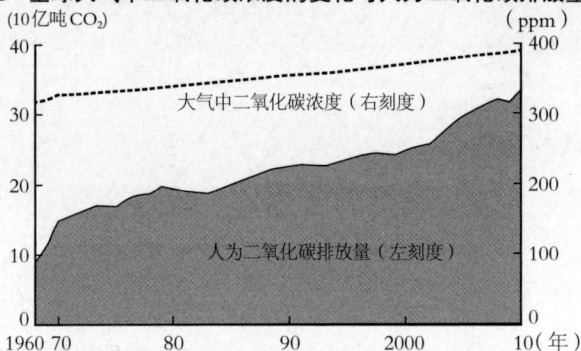

数据来源：本图根据日本环境省《環境白書·循環型社会白書·生物多様性白書》2013年版制作。

目前，孟加拉国每年都巨浪频仍，图瓦卢、马尔代夫等由珊瑚礁围起来的国家也因为海平面的上升导致淡水井不能使用，或者国土面积被水淹没。

这些气候异常还会加剧热带和亚热带的沙漠化和土壤侵蚀，导致热浪和干旱发生。目前非洲很多国家都面临干旱问题，美国、澳大利亚等国也频发热浪和森林火灾。2003年席卷欧洲的热浪夺去了5万多人的生命。2010年俄罗斯西部也出现了的异常高温和森林火灾。

二氧化碳因为石油、煤炭等化石燃料的大量使用而增加。如图8-2所示，第二次世界大战刚结束时，二氧化碳的年排放量仅为40亿吨，1960年增至90亿吨，20世纪80年代达到180亿吨，2000年和2010年分别为240亿吨和330亿吨，呈现出直线上涨态势。短短的60年里，二氧化碳排放量竟然增加7倍以上。

1997年制定《京都议定书》时，全球二氧化碳排放量的一半以上是占全球人口约20%的发达国家排放的。美国占总排放量的24%，欧盟为17%，俄罗斯和乌克兰为8%，日本为5%。其余50%的排放来自发展中国家，中国占14%，印度为4%。

图 8-3　世界各主要国家二氧化碳排放量

（2010 年）

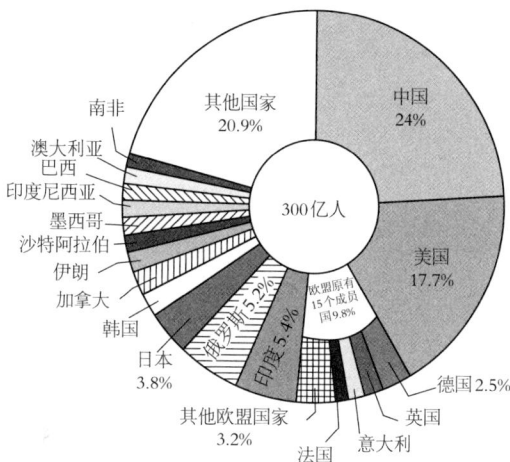

数据来源：本图为日本环境省根据 International Energy Agency（IEA）数据制作，参见日本防止全球气候变暖推进中心 HP：http://www.jccca.org/global_warming/knowledge/kno03.html。

　　发展中国家随着工业化迅速发展，二氧化碳排放量也迅速增加。如图 8-3 所示，2010 年世界各主要国家二氧化碳排放的情况是，美国为 17.7%，东扩后的欧盟（原有 15 个成员国加上其余 12 国，总计 27 个国家）为 13%，俄罗斯为 5.2%，日本为 3.8%，中国增至 24%，印度也增加到 5.4%。如果没有发展中国家的积极参与，二氧化碳削减协定便会失去应有意义。

　　图 8-4 显示了按照人口平均来计算的二氧化碳年排放量，美国为 17 吨，俄罗斯 11 吨，德国和日本各 9 吨。发展中国家平均为 3 吨，中国 5.4 吨，巴西 2 吨，印度 1.4 吨左右。发展中国家人均二氧化碳排放量只有美国的六分之一，发达国家的三分之一。

　　大气中二氧化碳增加的原因主要是工业活动大量使用化石燃料。此外，近半个世纪以来，全球热带雨林锐减，森林光合作用减少，这也是二氧化碳增加的一个原因。二氧化碳的增加会导致酸雨，一些温带工业地区约有30%～60%的森林大面积遭受酸雨危害，美国的五大湖以及中国都出现了湖泊生物受到酸雨危害的情况。

为了解决这个问题，1992年5月联合国会议达成《联合国气候变化框架公约》，于1994年生效。1997年在京都召开的第三次缔约国会议达成了《京都议定书》，对发达国家的温室气体排放量做出了数值规定。目前包括美国及各新兴经济体在内，各国正在协商2015年以后的"后京都议定书"的框架协定。[①]

图8-4　主要国家人均二氧化碳排放量

（2010年）

国家	数值
世界平均	4.44
OECD国家	10.10
发展中国家	2.99
美国	17.31
澳大利亚	17.00
加拿大	15.73
韩国	11.52
俄罗斯	11.16
德国	9.32
日本	8.97
英国	7.78
南非	6.94
伊朗	6.88
意大利	6.59
法国	5.52
中国	5.40
墨西哥	3.85
巴西	1.99
印度尼西亚	1.71
印度	1.39
尼日利亚	0.29

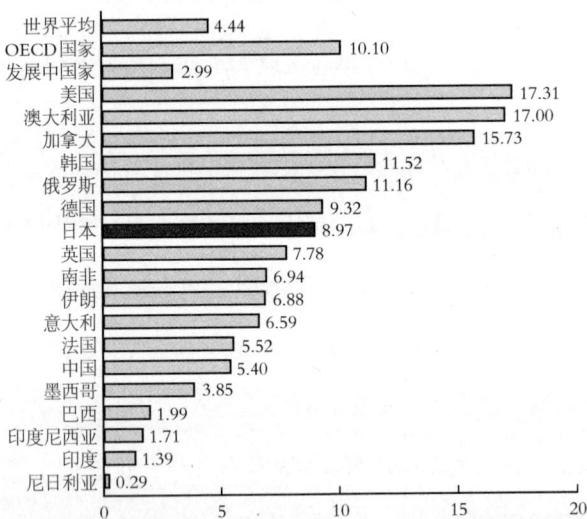

数据来源：本图根据International Energy Agency(IEA)，"CO_2 Emissions from Fuel Combustion" 2013年版和日本资源能源厅HP"地球温暖化を巡る動向について"制作。

———

① 2015年12月12日，在巴黎气候变化大会上，《联合国气候变化框架公约》的近200个缔约方一致通过了全球气候变化的新协议，即《巴黎协议》，为2020年以后全球共同应对气候变化做出了具体安排。——译者注

关键词 《京都议定书》

《京都议定书》以二氧化碳等六种温室气体为对象，规定在 2008-2012 年的 5 年之内，以 1990 年的排量为标准，所有发达国家削减 5% 以上的排放量。具体减排目标为日本削减 6%，美国削减 7%，欧盟削减 8%。但美国在布什执政期间以该议定书没有明确发展中国家的减排义务、减排会影响美国经济发展为由退出。《京都议定书》的独特之处是允许各国之间就二氧化碳排放额度进行交易。2013 年召开的联合国气候变化框架公约第 19 次缔约国会议（COP19）发表的报告显示，2009-2012 年期间各成员国（约占总排放量的 60%）的减排目标已经基本实现。但是由于缺少美国以及发展中国家中的一些排放大国的参与，京都议定书的实际效果并不显著。因此 COP19 会议还探讨了 2020 年以后包括美国以及中国和印度等发展中国家在内的减排新体制。

为了确保所有国家的积极参加，新体制讨论的方向是由参加国自主设定减排目标，每隔两年由缔约国进行一次盘点。当前国际社会认为，为了 2050 年将全球气温升高控制在 2℃ 以内，二氧化碳的排放量必须控制在 450ppm 以内，即 2050 年之前必须实现二氧化碳排放量比当前减少一半。为此发展中国家提出了累计减排目标，要求增加对发展中国家提供所需技术和资金的支持。日本提出到 2020 年减排 3.8%，但以 1990 年为基准来看，该目标实际上是增加了 3% 的排放，因此受到与会各国的指责。

沙漠化

沙漠化指森林和植被遭到破坏导致土壤生产力退化的现象。

图 8-5　沙漠化现状

受沙漠化影响的　　　　受沙漠化影响的人　　　各大洲可耕作干燥地
土地面积　　　　　　　口数量　　　　　带中的沙漠化比例

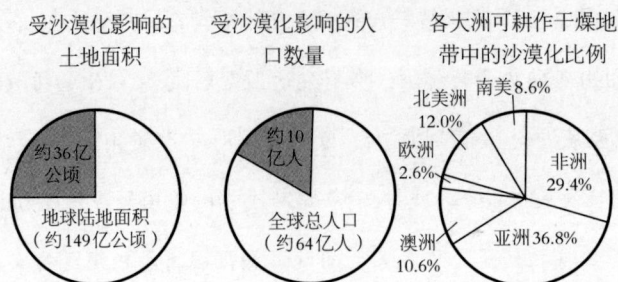

数据来源: United Nations Convention to Combat Desertification, *The Ten Year Strategic Plan and Framework to Enhance the Implementation of the Convention (2008-2018).*

　　沙漠化程度有轻重之分，总体来看如图8-5所示，全球受沙漠化威胁的土地面积已经达到陆地总面积的四分之一。其中可耕作干燥地带的沙漠化土地有四分之三集中在亚洲、非洲以及拉丁美洲等的发展中国家。特别是亚洲和非洲，有七成以上的可耕作干燥地带的土地受到沙漠化影响，威胁到当地人们的生活。

　　导致沙漠化的因素很多，既有全球气候变暖使干燥地带移动和扩大的情况，也有由于家畜放牧、过度开垦、滥砍滥伐等人类活动而引起的情况。

　　本书第1章介绍了全球化过程中的森林砍伐导致沙漠化加速，此外还有很多情况是由于人口过剩和贫困化导致的过度放牧和耕作引发的。随着土壤质量的退化，干旱缺水成为常态，自然灾害频发迫使原本居住在这片土地上的人们无法继续生存下去而成为难民。由此产生的环境难民的人数在非洲因年而异，21世纪前10年据推测达到数千万人。

　　沙漠化一旦开始，就会迅速扩展，想恢复原状需要耗费庞大的人力物力。或者说即使花费庞大的人力物力，也很难彻底恢复到原来状态，因此最重要的是在沙漠化的初始阶段采取适当措施。联合国1994年通过了《联合国防治沙漠化公约》

（United Nations Convention to Combat Desertification, UNCCD），为遭受沙漠化威胁最严重的非洲国家等制定了行动计划，大力发展由当地居民积极参加的绿化事业。发达国家表示将会对此予以支持，但发达国家在提供资金和技术支持的同时，还应该减少资源进口，倡导节能型生活方式，减少废弃物的排放，缓解全球气候变暖。

(关键词) **中国的沙尘暴、PM2.5和绿化政策**

随着中国的沙漠化，近些年来一到春天，戈壁滩和黄土高原的沙尘甚至会飞到韩国和日本，导致扬尘天气。1998年长江流域特大洪水导致数百万人受灾之后，中国政府开始切实实施沙漠化防治政策。这项名为"退耕还林"的绿化政策规定，25度以上的坡耕地严禁耕作，通过植树造林减少水土流失和洪水的发生，控制沙漠化。受益于"退耕还林"政策，长江、黄河上游流域的大片山区开始回归绿色。日本每年也有众多志愿者到内蒙古等沙漠化严重地区参与植树造林活动。

最近，除了沙尘暴之外，工业生产中的烟尘、汽车尾气、建筑工地的灰尘和煤炭粉尘等导致大气中的PM2.5（直径小于等于2.5微米的细颗粒物）和PM10（直径小于等于10微米的可吸入颗粒物）急速增多，一年当中，雾霾天数越来越多。

日本的大城市也有PM2.5，环境省设定的环境标准为日平均低于每平方米35微克，使用大气污染物广域监控系统进行监测，如果超出标准则由当地政府发布预警信息。火山气体和交通堵塞时产生的汽车尾气都能导致PM2.5超出警戒范围，也有PM2.5从中国飘散过来的情况。空气中的细微颗粒进入呼吸道或肺内，会危

及人的身体健康和生命安全，有时还会损害免疫系统和生殖功能。2013年秋至
2014年春节期间，北京地区曾经发生了PM2.5超出标准值十几倍，导致部分学校
停课的严重事态。

环境污染导致灾害增多和新型传染病流行

以上介绍了全球气候变暖、森林消失、沙漠化、水资源缺乏等现象，接下来
再看近些年来灾害的增多和新型传染病的流行等情况。

灾害是指人们所意想不到的苦难突然降临到个人或者社会集团头上的现象，
既有自然灾害，也有人为灾害。地震、干旱、饥荒、洪水、海啸、台风、山体滑
坡、火山喷发等属于自然灾害。核泄漏、化工厂事故、火灾、因镇压及迫害或事
故等导致的难民潮、战争、恐怖袭击等则属于人为灾害。但在全球化日益发展的
今天，越来越多的灾害变得很难区分是自然灾害还是人为灾害。干旱、热浪、沙
漠化等是单纯的自然灾害，还是人类开发所导致的后果，很难马上得出结论。唯
一可以肯定的一点是，受灾者的人数一直在不断增加。

国际红十字会与红新月会国际联合会每年都会发布《世界灾害报告》，该报
告所引用的比利时天主教鲁汶大学灾害现象研究中心的统计数据显示，1990—
1995年全球灾害发生次数为每年平均255件，受灾者为2亿人；2000—2005年
为每年平均406件，受灾人口为3.2亿人；2010—2012年为372件，受灾人口为
2.4亿人。如图8-6所示，与20世纪90年代相比，21世纪前10年的灾害发生次
数和受灾人口均有显著增加（图8-6）。

图 8-6　全球灾害 * 发生次数和受灾人数 **

（1990—2012 年）

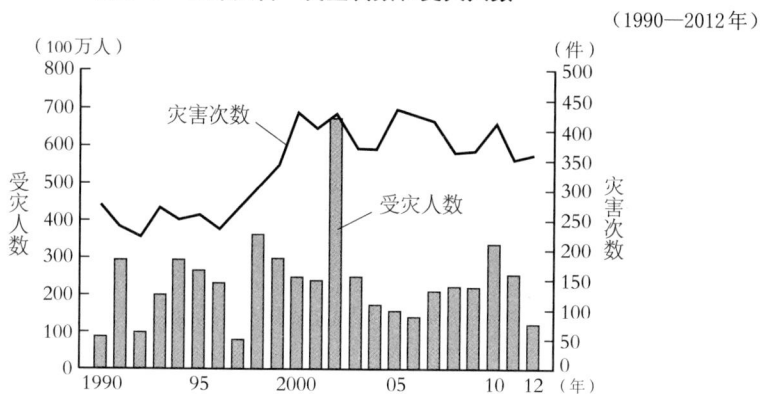

数据来源：Université Catholique de Louvain, Centre for Research on the Epidemiology of Disasters (CRED), *Annual Disaster Statistical Review 2012*, Figure 1.

注：* 数据库中的灾害是指满足以下四个标准中任意一个的情况：（1）出现 10 人以上遇难者；（2）出现 100 人以上受灾者；（3）官方宣布进入紧急状态；（4）需要国际救援。

　　** 包括遇难者在内。

　　通过表 8-1 所示的灾害以及受灾者的地理分布可以看出，2012 年灾害发生次数的 57%，受灾人数的 95% 都集中在亚洲和非洲。这个趋势在 1990 年之后一直存在。灾害主要发生在低收入国家和南方发展中国家。表 8-1 中的气候变动灾害指干旱、热浪、森林火灾等；地球物理灾害指地震、海啸、山体滑坡和石流，以及火山等；水害指洪水、巨浪等；气象灾害主要指台风及强暴风、龙卷风、雾霾等。

　　受灾多集中于低收入的发展中国家，这个现象主要有以下几方面的原因。第一，世界范围内的新增贫困人口大多居住在发展中国家，他们对灾害缺乏防备，是最脆弱的社会阶层。第二，如前所述，生态系统随着发展中国家的发展而急速恶化。第三，低收入国家在医疗以及防灾基础设施方面明显滞后，导致灾害发生时出现大面积伤亡。这些原因综合到一起，导致贫穷的人们总是与灾难相伴，一旦灾害发生就会马上受到直接影响。政府对他们的保护也不够充分。

表 8-1　灾害以及受灾者的地理分布

A 灾害次数
B 受灾人数
（2012年）（单位：100万人）

		非洲	南北美洲	亚洲	欧洲	大洋洲	世界
气候变动灾害	A	16	12	12	45	0	85
	B	28.0	1.8	6.4	0.5	0	36.7
地球物理灾害	A	0	6	23	3	0	32
	B	0	1.4	1.5	–	0	2.9
水害	A	30	26	71	16	7	150
	B	9.3	1.5	53.5	0.1	0.2	64.7
气象灾害	A	11	35	39	1	4	90
	B	0.5	0.8	18.9	–	–	20.2
合计	A	57	79	145	65	11	357
	B	37.8	5.6	80.3	0.6	0.3	124.5

数据来源：同图8-6,Table 5.

从表8-1可以看出，非洲受气候变动灾害影响最大，亚洲在所有四个领域内的受灾情况都很严重。媒体常常介绍亚洲各国的经济高速增长，人们同时还应该认识到，灾害也时时刻刻都潜伏在这些亚洲国家身边。

灾害当中，还包括新型传染病的大面积流行。

例如，截至2012年末，全球艾滋病病毒（HIV）感染者和艾滋病（AIDS）患者的数量已经达到3 400万人，平均每年都有超过150万人因艾滋病而死亡，有250万人感染上艾滋病。有七成艾滋病病毒感染者和艾滋病患者位于非洲。发达国家艾滋病患者的人数已经呈下降趋势，但发展中国家，尤其是中东、北非、东欧和中亚等地区的感染人数却在增加。联合国艾滋病联合规划署（UNAIDS）2013年的报告显示，在非洲的一些国家和地区，艾滋病病毒感染者和艾滋病患者人口占当地总人口的20%左右。

在发达国家，作为艾滋病的传播途径，异性间的性接触、同性及异性间的性接触和静脉注射违禁药物等途径所占比例相近。在美国，特别是艾滋病传播的初级阶段，白人及中产阶级的男性同性恋患者所占比例最高，其次是男性吸毒人员居多。但是在发展中国家，低收入女性通过异性间的性接触而导致感染的情况占一半以上。2010年，艾滋病病毒感染者和艾滋病患者的男女性别比为3：2。发展中国家女性地位较低的现状也对艾滋病的感染产生了一定影响。

根据OECD的调查报告，痢疾、疟疾、呼吸系统疾病等与环境相关的疾病在发展中国家占30%～40%。[①]可见，改善环境与人们的健康和生命直接相关。

建设循环型经济社会

面对全球日益严重的环境破坏，20世纪70到80年代，如何阻止环境恶化成为人们关注的课题。1987年联合国成立世界环境与发展委员会，提出了可持续性发展的概念。

1992年联合国环境与发展大会在巴西里约热内卢召开，参加这次会议的不仅有政府代表，还有NGO组织，此次会议通过了《关于环境和发展的里约热内卢宣言》和《21世纪议程》。

《里约热内卢宣言》将可持续发展作为根本理念，提出人类的环境权，倡导在发达国家与发展中国家之间、政府部门与民营部门之间建立全球性的伙伴关系。《21世纪议程》提出了具体的行动计划，各国以及各地区在此基础上，组织地方自治体、民营企业及市民团体共同参加，制定当地的行动计划。

---

① OECD，《世界環境白書——2020年の展望》第21章，中央経済社。

日本在里约会议之后于1993年制定了《环境基本法》，并实施了环境基本计划。《环境基本法》取代了之前以防治公害为目的的《公害对策基本法》，是一项将全球环保纳入视野的综合性环境政策。

2007年日本进口8亿吨资源，加上国内资源，共将16亿吨资源投入到生产过程中。这些资源再加上2亿吨可循环使用资源的总计18亿吨资源当中，包括5.1亿吨能源和0.9亿吨粮食，被消耗掉的资源共为6亿吨。此外还有1.8亿吨资源用于出口，产生的废弃物有6亿吨，其中有2.4亿吨可以循环再利用。这样计算下来，有大约7亿吨资源以产品的形式积累在国内。①

在日本，每年都会积累7亿吨的物资和4亿吨的废弃物。这意味着国内的"熵"将会越来越多，给环境带来更大负荷。日本各地区处理一般废弃物和工业废弃物的能力略有不同，但是如此狭小的国土上根本不可能轻松应对。

基于减少废弃物、促进资源再利用和保护环境的立场，日本政府于2000—2003年制定并实施了《循环型社会形成推进基本法》及基本计划。

环境破坏的根本原因在于发展过程没有考虑保护，因此以下三个R对保护环境具有重要作用。第一，减少发展过程中产生的废热和废物（Reduce）；第二，对用过的东西进行再利用（Reuse）；第三，回收废热和废物（Recycle）。循环型社会的建设有赖于这三个R来推动。因此，日本采用"排放者责任制"和"生产者责任延伸制"（Extended Producer Responsibility, EPR）原则，即由排放者来承担废弃物的处理责任。EPR目前已经成为发达国家的共识，产品在使用和废弃之后要由生产厂家承担再利用、回收和处理的责任。

---

① 日本环境省：《環境白書·循環型社会白書·生物多様性白書》，2010年版。

如今，发达国家盛行一次性消费文化，每年都有庞大数量的消费品被丢弃。日本大多数家电产品会在平均6～8年之内被废弃。电视机、空调、冰箱、洗衣机这四大类产品每年都有1 700万～2 000万台被废弃，平均每两户人家就有一户会扔掉电器产品。

2001年日本制定了《家电回收法》，明确了生产厂家、零售商和消费者所应负担的回收责任，目前每年有1 000万台以上的家用电器得到回收。日本每年生产的汽车约为1 000万辆，报废汽车数量为500万辆，其中有95%获得回收，但每年都有人非法丢弃报废汽车。台式电脑和显示器的回收率是75%。目前全球每年会产生4亿部废弃手机（其中中国1亿部），日本每年能够回收650万部（在网手机1亿部，2012年移动电话及智能手机产量是2 200万部），回收率仅为25%，手机等信息终端含有稀有金属及有毒物质，其回收是今后亟待解决的课题。①

从OECD国家的数据可以发现，随着GDP的增长，一般废弃物的增加速度远远超过了人口的增加速度。

如图8-7所示，日本的垃圾排放量从1985年的4 209万吨增加到2000年的5 483万吨，平均每人每天排放量1 185克垃圾。不过随着建设循环型社会的努力，日本近几年的垃圾排放量减少为4 500万吨，人均排放量也下降到平均每天976克。资源整体的平均回收率为二成左右，但家用电器、汽车和个人计算机的回收率均已达到相当高的水平。

---

① 日本环境省：《環境白書·循環型社会白書·生物多様性白書》，2013年版，第2部第3章。

图 8-7　日本的垃圾排放量的变化

（1985—2011年）

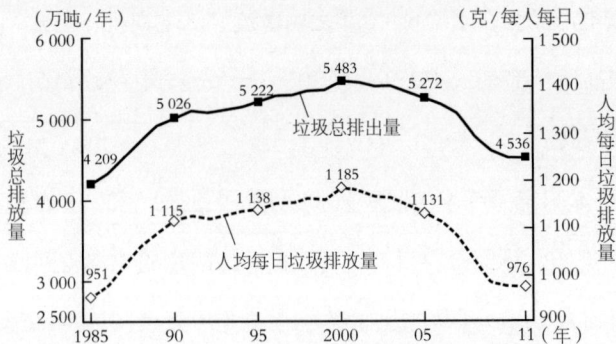

数据来源：本图根据环境省大臣官房废弃物及回收对策部废弃物对策课《日本の廃棄物処理》2010年版制作。

　　另一方面，工业废弃物排放量在20世纪90年代以后增加了一倍，从每年2亿吨增至4亿吨[①]，非法排放也屡被发现。经济高速增长时期大肆建设的各类形象工程今后即将面临老旧问题，届时如何拆迁及废弃物如何处理都是不得不面对的重要课题。此外还有20世纪70至80年代在全国各人烟稀少地区建设的核反应堆问题。根据原子能管理委员会的规定，其使用年限为40年，必须考虑这些核反应堆今后将陆续迎来退役期的问题。

关键词　**废弃核反应堆处理的滞后**

　　日本国内首座商用核反应堆东海原发1号机组于2001年关闭，原计划于2011年进入拆卸过程，预计2017年拆卸结束。但由于先期准备不足，拆卸作业被推迟到2014年。推迟原因据说是因为拆卸过程中将会产生的27 000吨放射性废弃

[①] 环境省大臣官房废弃物及回收对策部废弃物对策课，《日本の廃棄物処理》2010年版，2010年的排放量为3.86亿吨。

物的处理单位尚未决定。[1] 福岛第一核电站1至4号机组的废弃核反应堆也面临同样问题，东京电力集团虽然公布了中长期规划，但污染水的处理问题停滞不前，用于清除放射性污染物质的保管场所也未确定，在这种情况之下，如何处理数量庞大的放射性废弃物成为最大问题。据说使用过的核燃料也已经达到饱和状态，[2] 而接下来滨冈原发第1、2号机组等使用年数超过30年的核反应堆又将陆续退役。日本政府决定重启核电设施，但关于放射性废弃物的处理问题，却仍然是一筹莫展。虽然制定了从核反应堆的废旧核燃料中提取铀和钚进行重新利用的计划，但是耗资10万亿日元建设的青森县六所村的再处理工厂和福井县敦贺市的高速增殖反应堆MONJU均由于事故频发和仪器故障无法运行。

虽然签署了《京都议定书》，但日本2010年的人均二氧化碳排放量为10吨，仍与20世纪90年代处于相同水平，可见要发展3R，还需要政府、地方自治体、民营企业及普通市民的进一步努力。

---

① 《茨城新闻》，2013年5月27日。
② 朝日デジタル，2013年11月18日。

世界经济的十字路口

第 9 章

南北问题、ODA 与区域秩序

同样是人，只因为出生在不同的地方，生死境遇就会如此不同，这是我们所有人都必须认真思考的问题。

南北问题的本质

在19世纪以来不平等的国际分工体系下，南方热带及亚热带国家一直为发达国家提供原料及燃料，为了追求对等的地位，发展中国家开始着手调整与发达国家之间的经济关系，这就是南北问题的本质。调整的方法包括确立本国的资源主权，利用这些资源实现工业化发展，确保初级产品出口的稳定收入来进口工业化所需设备产品等。

19世纪以来，大多数南方国家都曾经处于殖民地或从属国地位，直到第二次世界大战以后才纷纷获得独立。其后的半个世纪里，这些国家积极吸引跨国公司投资，大力发展本国工业，借经济全球化之机实现了经济发展。但另一方面，南方国家之间的经济差距却逐渐拉大，有一些国家和地区的经济仍然没有得到发展，面临严重的贫困、环境污染及冲突等问题。

发展中国家在联合国贸易和发展会议（UNCTAD）上成立了77国集团

（G77），寻求建立公正的国际分工体系，即国际经济新秩序（NIEO）。但国际经济新秩序的发展却导致发展中国家的情况变得更加多元化。拥有丰富的石油或其他资源的国家获得发展，资源匮乏的国家停滞不前；历史或地理条件优越的国家实现繁荣，位于内陆的国家、面积较小的岛国则难以走向世界，或国内市场也得不到发展。

如表9-1所示，2011年发展中国家人均GDP为4 222美元，相当于OECD国家平均水平35 700美元的八分之一，日本38 400美元的九分之一。而且发展中国家之间的收入差距也很大。

根据图9-1可以发现，发展中国家当中，以下几类国家或地区的人均GDP比较高：①产油国家；②依靠制造业出口实现高速增长的国家或地区（中国香港、新加坡、中国台湾、韩国、墨西哥等）；③人口众多、资源丰富，依靠劳动力优势大力发展出口的新兴经济体（巴西、俄罗斯、印度、中国、南非共和国等金砖国家）。

第①组国家中，卡塔尔（92 789美元）、科威特（59 203美元）、阿拉伯联合酋长国（45 432美元）、文莱（41 568美元）、沙特阿拉伯（20 271美元）等国的人均GDP显著高于其他发展中国家。

第②组国家的人均GDP与OECD国家基本相当，韩国（23 055美元）和墨西哥（10 018美元）已经成为OECD成员。此外中国香港为34 250美元，中国台湾为27 200美元（相当于中国大陆的4倍），新加坡为49 056美元。

东盟国家的发展水平差异较大，比如马来西亚的人均GDP为9 612美元，属于中等水平，而东帝汶、柬埔寨则在900美元左右，缅甸、老挝、越南在1 100～1 300美元之间。

第③组国家中，巴西（12 276美元）、印度（15 66美元）、俄罗斯（12 890美元）、

中国（5 241美元）、南非共和国（8 094美元）之间的差距很大，而且这些国家
内部的贫富差距和城乡差距也都非常显著。实际上也可以说，这些国家正是利用
国内差距导致的廉价劳动力才实现了经济增长。

同为发展中国家，高收入国家（15 186美元）与低收入国家（1 430美元）
之间的差距却高达11：1。低收入国家中，最不发达国家（829美元）、重债穷
国（756美元）、内陆国家（1 575美元）以及撒哈拉以南非洲国家（1 480美元）
的人均GDP仅相当于发展中国家平均水平的六分之一至三分之一。

表9-1　发展中国家的经济差距

(2011年)

	人口 （100万人）	人口比例 （%）	GDP （10亿美元）	GDP比例 （%）	人均GDP （美元）
发展中国家全体	5 640	100	23 812	100	4 222
主要产油国	405	7	2 705	12	6 679
主要工业产品出口国家或地区*	1 645	29	10 917	46	6 636
非洲	1 045	18	1 874	8	1 793
撒哈拉以南非洲	878	−	1 300	−	1 480
中南美洲	592	11	5 608	24	9 473
亚洲	3 994	71	16 294	68	4 080
高收入国家**	457	8	6 944	29	15 186
中收入国家	2 228	40	12 641	45	5 674
低收入国家	2 954	52	4 227	18	1 430
最不发达国家（LDC）***	851	15	698	3	829
重债穷国（HIPC）***	645	12	491	2	756
内陆国家***	419	7	616	3	1 575
新兴经济体****	574	10	6 866	29	11 962

数据来源：UNCTAD, *Handbook of Statistics 2013*: Table 8-1-2, 8-4-2.
注：由于四舍五入和统计误差，各栏目数据之和与总计数额之间可能有出入。
　*主要工业产品出口国家或地区：墨西哥、中国、中国香港、马来西亚、韩国、新加坡、中国台湾、泰国
　**高收入国家：2004—2006年人均GDP在4 500美元以上的国家；中收入国家：人均GDP在1 000～4 500美元之间的国家；低收入国家：人均GDP在1 000美元以下的国家。
　***LDC, HIPC同后面的内陆国家有重复。
　****新兴经济体：阿根廷、巴西、智利、墨西哥、秘鲁、马来西亚、韩国、新加坡、中国台湾、泰国

图 9-1　发展中国家或地区的人均 GDP 差距

（2011 年）

国家/地区	人均GDP（万美元）
OECD国家平均	35 700
发展中国家平均	4 222
卡塔尔	92 789
科威特	59 203
新加坡	49 056
中国香港	34 250
韩国	23 055
俄罗斯	12 890
巴西	12 276
南非	8 094
中国	5 241
撒哈拉以南非洲	1 793
印度	1 566
柬埔寨	900

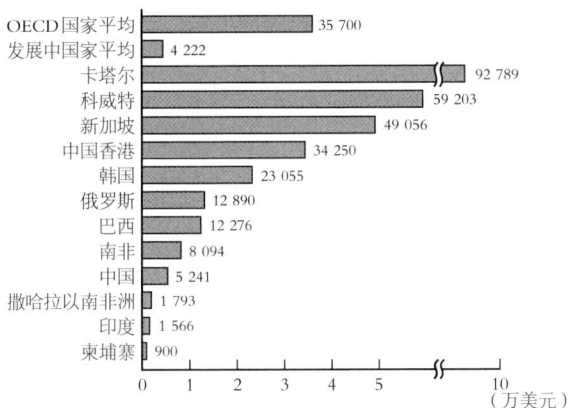

数据来源：同表 9-1

关键词　**最不发达国家**（The Least Developed Countries, LDC）

　　最不发达国家也被称为最贫穷国家，2013年联合国将49个国家列入最不发达国家名单，呼吁相关国家在援助和贸易等方面对其采取特惠措施。最不发达国家满足以下三个条件：①低收入国家，人均GNI（国民总收入，为GDP加上从海外获得的净收入额）不足992美元；②营养、健康及教育方面的社会发展落后；③符合经济脆弱性标准。经济脆弱性是指经过联合国衡量，认定该国或者是因为过于依赖初级产品或农产品的生产和出口，导致国民经济不稳定；或者是因为地处内陆，难以发展对外贸易；或者是因为人口较少，国内市场狭小，导致经济发展困难重重等。

　　上述三个条件中的第一个"低收入"是最不发达国家的前提条件，符合第二条标准的有孟加拉国、柬埔寨、海地等国，属于第三条中内陆国家的有尼泊尔、老挝、埃塞俄比亚、中非、卢旺达、布隆迪等国，基里巴斯、图瓦卢等太平洋小国（人口为1万人左右）则属于人口稀少的岛屿国家。2011年最不发达国家总人口为8亿5 100万人，占发展中国家总人口的15%。

关键词　**重债穷国（Heavily Indebted Poor Countries, HIPC）**

世界银行和国际货币基金组织（IMF）将人均GDP低于745美元且债务余额占GDP比例超过80%的国家认定为重债穷国，规定这些国家债务返还遇到困难时，可以优先享受延长返还期限的待遇。2013年共有39个国家，包括33个撒哈拉以南非洲国家，被认定为重债穷国。这些国家可以获得债务救援，但是必须采取符合世界银行等规定的贫困削减战略的经济政策。

与南北问题相关的问题主要包括初级产品市场不稳定，最不发达国家的债务问题，以及贫困人口增加、环境进一步恶化、灾害频发等。接下来详细介绍这些问题。

严峻的债务问题

经常收支为赤字的国家，通过向国外举债来填补亏空，接下来又不得不再去偿还债务。目前世界上共有两大赤字区域，一个是美国，另一个是广大发展中国家。美国的情况是，世界上很多国家都认为把资金放在"强大的美国"，购买美元债券更为安全且有利，这种方式使资金流回美国，也正是因为有其他国家愿意接受，美元才得以勉强维持其价值。

但是，发展中国家的货币并不具备美元作为关键货币的优势，所以只能从贸易对象国或国际银行借入资金。短期融资可以通过国际货币基金组织或商业银行获得，经济建设所必需的生产资料或者购买机械设备则一般仰赖中长期贷款。然而，以出口初级产品为主的发展中国家大多容易受到物价和供需的影响，出口收入并不一定够支付进口货款。

初级产品的供给量变化总是滞后于需求变化，因此价格会不断波动，也就是蛛网理论。经历了两次石油危机之后，产油国结成 OPEC 组织，大幅提高了石油出口收入。但大多数非产油国的发展中国家，一方面由于发达国家工资上涨导致工业制成品价格上涨，另一方面由于能源价格的上涨，石油危机之后出现了贸易赤字的大幅增加。

20 世纪 90 年代以后，全球商品综合期货价格指数出现了剧烈震荡。这与过剩资金在全球经济中的流动（美国的过剩流动性通过跨国公司流向世界）和对冲基金操纵汇率和金融市场有关，同时也是亚洲新兴经济体或金砖国家的工业化发展和资源需求导致初级产品期货市场期待持续走高造成的。这使原料出口国的经济形势出现了好转的迹象。但发展中国家为了摆脱这种不稳定状态而加速发展工业化的做法也不难理解。

(关键词)　**蛛网理论**

蛛网理论解释了初级产品价格上下波动的原理，供给量变化滞后于需求变化，因此导致价格偏离平衡状态。示意图中，纵轴表示价格，横轴表示数量。以白菜为例，白菜价格较高时（P1），农民都去种植白菜。然后到了半年之后白菜上市时，白菜供给量从 Q1 增加到 Q2。由于供给量经远远大于需求，在 Q2 的状态下，白菜价格下跌，从 P1 降至 P2。这种价格起伏的循环与蜘蛛网的形状相似，因此叫作蛛网理论。

蛛网理论

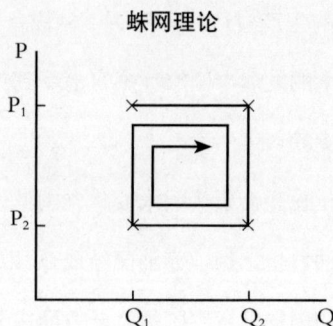

由于进出自由、充分竞争的市场无法进行价格管理，供求变化的时间差导致了价格波动的产生。矿产资源也有同样问题，而且矿产的时间差跨度更大，一般长达数年。发达国家从粮食安全保障的角度出发，会实行政府收购或者补贴的保护措施来防止农产品价格的大幅起落，但国际市场上却没有类似的保护机制。

发展中国家财政状况与美国债务危机

由于出口收入不稳定，以及工业化发展造成的进口增加、人口增长，再加上随着人权意识提高，各国在教育和健康等人类基本需求（BHN，Basic Human Needs）方面的支出也都有所增加，有时还要增加购买武器等军费支出，大多数发展中国家都处于与美国相同的双赤字状态。

1980年发展中国家的政府债务（由借入国政府担保的一年以上长期债务余额）总额约700亿美元，到1990年底升至1.4万亿美元，十年期间增至20倍。2011年底为1.5万亿美元，说明20世纪90年代末以后，债务余额的增加有所缓解。如后文图9-9所示，进入21世纪以来，流向发展中国家的民间资金（大部分为

民间投资和侨汇，及一成左右的NGO资金）大幅增加，2010年前后达到7 000
亿美元，相当于政府开发援助（ODA）资金的5倍。同时，发展中国家对外出口
显著增加，为政府获得了更多的外汇储备。

上述债务大部分属于中等收入国家，这些国家利用外债实现工业化发展，通
过招商引资吸引跨国公司进入本国，依靠出口工业制成品偿还债务。图9-2显示
了外债余额的地理分布情况，其中低收入国家较多的撒哈拉以南非洲和南亚只占
总额的16%。

问题是重债贫国（HIPC）中的很多国家同时也是最不发达国家，不适合民
间投资。所以这些国家的债务偿还遥遥无期。为此，一些发达国家的NGO组织
发起了免除政府债务的运动，1999年的科隆峰会上，G7首脑提出大幅削减重债
穷国债务，避免世界经济分裂。

图 9-2　发展中国家长期对外债务 * 的地理分布

（2011年，单位：%）

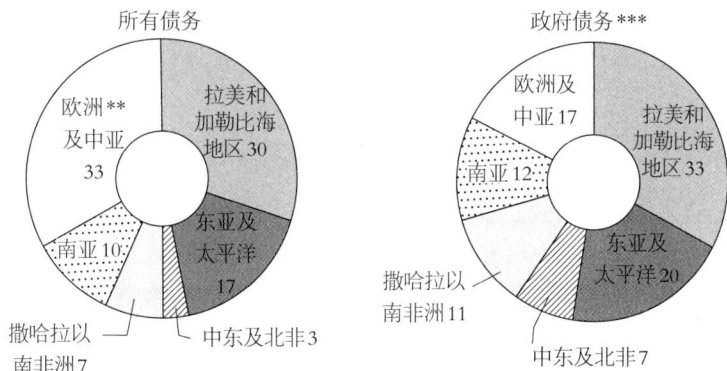

数据来源：World Bank, *International Debt Statistics*. http://devdata.worldbank.org/gdf/LMY.pdf.
注：*对外债务包括政府和个人的长期（一年以上）债务。
　　**此处的欧洲主要指非OECD国家，以中东欧国家为主。
　　***政府债务是指由政府借入或政府担保的债务。

2001年重债穷国的债务总额为1 800亿美元，其中成为削减对象的约150亿美元基于双边协定的ODA贷款和约500亿美元来自世界银行等国际组织或民间的贷款，约占全部债务的三分之一。

但对于最不发达国家来说，即使一时获得了债务救援，如果不具备中长期的经济发展前景，未来仍将为债务负担所苦。因此联合国有关部门呼吁国际社会，除了免除债务之外，还要积极帮助最不发达国家和重债穷国实现经济发展。

还有一点需要注意的是，前文介绍了美国和一部分发展中国家形成了两大赤字区域，是世界经济中的不稳定要素，但同时还有一些国家和地区在世界经济中积累了巨额盈余，即中国、日本、韩国、中国台湾、中国香港。截至2013年3月，中国的外汇储备为3.3万亿美元、日本为1.3万亿美元、其他三个国家和地区合计超过1万亿美元。东亚这5个国家和地区的外汇储备共计5.6万亿美元，相当于全球外汇储备的三分之二。不断积累的盈余也加速了世界经济的不均衡，必须探索如何才能将其有效地用于改善国内民生或向发展中国家购买商品和服务。

此外，2010年美国的政府债务为14万亿美元，高达所有发展中国家政府1.5万亿美元债务余额的9倍以上[①]，占GDP比例几乎接近100%，相当于发展中国家平均水平28%的3.5倍（图9-3）。

产生政府债务的一个原因是经济形势下滑（经济增长率下降、公共支出增加等），政府采取增发国债等赤字财政政策。如果只是临时赤字，则可以在经济回

---

① 此处及下文数据来源同图9-3。

图 9-3　发达国家及发展中国家政府债务的变化

（占 GDP 比例，2000—2012 年）

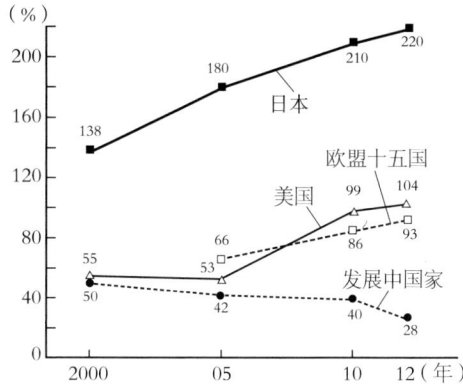

数据来源：OECD StatExtracts: Government Debt. http://stats.oecd.org/Index.aspx? QueryId=48250.; The White House, *2013 Economics Report of the President*.

暖，税收增加时得到解决。但如果反复出现赤字，难以偿还国债，最终将导致国债信用下降，利率上涨。这样政府需要支付更多的利息，就愈发容易导致债务违约（default），持有国债的金融机构将蒙受巨大损失。一旦出现政府的债务违约，就会引发财政紧缩、通货价值下跌、人们抛售股票及债券等市场恐慌。欧盟规定的成员国财政标准为财政赤字占 GDP 比例不高于 3%，政府债务余额占 GDP 比例不高于 60%，但次贷危机及欧债危机之后，大多数欧盟国家的财政状况都高于这个标准，处于警戒区域。2013 年日本的财政赤字为 9%，政府债务余额占 GDP 比例为 224%。

美国在 20 世纪 60 年代初以前，由于第二次世界大战之后重化工业迅猛发展，内需增加，联邦政府基本能够维持财政收支平衡。在此背景之下，肯尼迪总统推进阿波罗计划等宇宙开发，积极介入越南战争，采取与苏联针锋相对的对决政策，创造了名副其实的"富裕美国"的黄金时代。然而，在整个 60 年代，越南战争的军费支出和日本及欧洲的经济追赶导致美国国际收支赤字增加，填补贸易赤字使财政赤字也随之增加，导致约翰逊总统时期"向贫穷开战"等"伟大社会计划"除了民权法案以外均未能实现。然后到了20世纪70年代初，尼克松总统宣布停止美元兑换黄金。这一时期联邦财政收支赤字比例为2%～3%，政府债务余额占GDP的38%。石油危机之后，20世纪80年代至90年代前半叶，日美贸易产生摩擦，美国贸易赤字增加，财政赤字占GDP比例增至5%左右，债务余额占GDP比例升至约60%，开始出现双赤字问题（第4章）。20世纪90年代，美国跨国公司走向全球，形成高原景气，都是依靠财政赤字的增才得以实现。21世纪前10年期间，美国总统小布什发动伊拉克和阿富汗两场战争，财政赤字飙升至3 000亿～4 000亿美元，占2004年2.4万亿美元联邦财政预算的18%，占GDP比例达到4%。奥巴马总统为了解决次贷危机的遗留问题，平均每年产生超过1万亿美元的财政赤字，占GDP的9%～10%。

必须认识到，美国财政赤字的增加导致美元大量流向世界各国，是20世纪90年代以后屡次发生金融危机及货币危机的主要原因。美国财政赤字的增加主要有以下几方面原因：第一，美国自诩自由世界的领导者，挑起战争；第二，美国经济受到欧洲、日本追赶以及新兴经济体崛起的影响，贸易赤字成为常态；第三，美国国民推崇消费主义，个人储蓄率较低，最近几年约为5%，因此政府在维持经济增长所必需的投资中占更大比例。OECD数据显示，2013年美国政府财政支出占GDP比例约为40%。[①]此外，日本也开始步美国后尘，近几年的家庭储蓄率已经降至2%左右，政府财政支出相应增加，占GDP比例基本与美国持平。日美两国都走向了与新自由主义相反的方向，却又都热衷于讨论贸易自由化，这真

---

① OECD, *Economic Outlook 2014*.

是匪夷所思。

2011年8月，国债信用评级机构美国标准普尔公司（S&P）将美国政府的主权信用评级从AAA降至AA+级，债务违约的危机迫在眉睫。2013年10月，美国政府机构被迫临时关门。这一事态最终通过国会同意提高债务上限额度得到解决，但这只是应付一时的对策，并没有解决根本问题。如果发生债务违约，持有大量美国国债的日本、中国等亚洲国家乃至全球经济都会受到严重影响。美国以及其他发达国家才是世界经济不稳定的罪魁祸首。今后包括日本在内的发达国家面对越积越多的债务，必须考虑如何制定财政规范，如何以对子孙后代负责的态度，重新回到稳定的经济运营之路。

南方国家的贫困与死亡率

考虑南方国家的贫困问题之前，先来看看在如今南北差距日益扩大的情况下，南方世界处于怎样的位置。

图9-4显示了世界各区域的平均寿命，OECD国家的平均寿命为男性72岁、女性77岁（日本为男性80岁、女性86岁），发展中国家平均寿命为男性65岁、女性69岁，比发达国家短7～8年。其中，撒哈拉以南非洲国家的平均寿命为男性51岁、女性54岁，那里人们的寿命仅略高于日本人的六成。

图9-5为婴幼儿（5岁以下）死亡率情况。最近20年，随着发展中国家医疗卫生条件的大幅改善，婴幼儿死亡率从1990年的97‰降至2011年的57‰。但即使如此，与发达国家的7‰相比，发展中国家的平均婴幼儿死亡率仍然相当于发达国家的8倍，撒哈拉以南非洲国家为109‰，高达发达国家的16倍。

此外，孕产妇死亡率在总体上也有了显著降低。在同一时期，发展中国家平均每10万名孕产妇中的死亡人数从440人降至240人，但撒哈拉以南非洲国家仅从850人降至500人，改善程度仍然落后。同样是人，只因为出生在不同的地方，生死境遇就会如此不同，这是我们所有人都必须认真思考的问题。

图 9-4　世界人口的平均寿命*

（2010年）

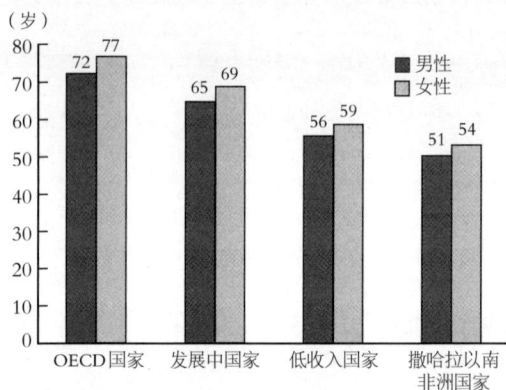

数据来源：World Bank, *World Development Report 2013*. Selected Indicators: Table A2.
注：*出生时的预期寿命。

图 9-5　婴幼儿*死亡率

（1990, 2011年）

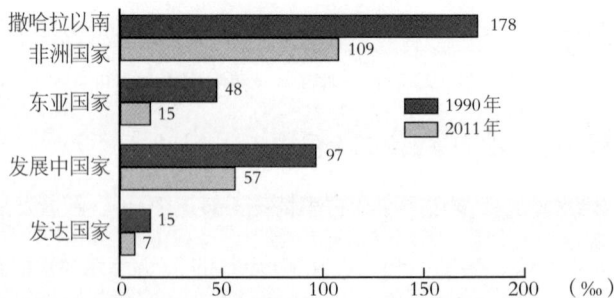

数据来源：United Nations, *MDGs 2013 Report*.
注：*5岁以下。

贫困扩大与城市贫民窟人口

南方世界孕产妇和婴幼儿高死亡率，体现了这些国家在全球化浪潮中不断恶化的贫困问题已经不容忽视。

贫困问题是联合国以及世界银行等国际组织目前最为重视的发展课题之一，在联合国千年发展目标（MDGs）中位居第一。

世界银行也极为重视贫困问题，根据表9-2所示2010年数据，个人日收入低于1.25美元的极度贫困人口有12亿340万人，占南方国家总人口的22%。个人每日收入低于2美元的人口为23亿6 430万人，占南方国家总人口的41%。

人均日收入如果低于1.25美元（年收入467美元，四口之家每年收入为1 825美元），将难以保障该家庭的营养、健康、教育等人类基本需求（BHN）。在发达国家，很多收入高于这个标准的人也仍然需要接受生活救济。截至2013年11月，日本有216万人（160万户）享受低保，东京的生活救济金额为独居者每月13万7 400日元、四口之家每月26万2 690日元，相当于发展中国家贫困家庭年收入的1.4倍。当然在市场经济尚未完全渗透的地方，可能现金收入少也并不意味着生活窘迫，因此不能只依据收入的多寡衡量富裕或贫穷的程度。

收入水平可以作为衡量贫困程度的初级方法，但收入并不能体现所有问题。营养不良人群、失业者、难民、无家可归者（包括住在贫民窟的人们）等基本需求没有得到满足的人们更应该得到关注，这样才能准确地理解贫困的现实情况。

表 9-2　发展中国家的贫困人口

(1990, 2010 年)

	1990年 日收入低于1美元			2010年 日收入低于1.25美元			2010年 日收入低于2美元		
	(100万人)	%	比例*	(100万人)	%	比例*	(100万人)	%	比例*
东亚及太平洋	452	35	28	245.5	20.4	12.5	583.3	24.6	28.7
欧洲及中亚	7	0.5	2	1.9	0.2	0.7	6.4	0.3	2.4
拉丁美洲及加勒比海地区	74	5.8	17	31.3	2.6	5.5	59.1	2.5	10.4
中东及北非	6	0.5	2.4	7.9	0.6	2.4	39.4	1.7	12.0
南亚	495	39	45	498.2	41.4	31	1 072.8	45.4	66.7
撒哈拉以南非洲	242	19	48	418.6	34.8	48.5	603.3	25.5	69.9
发展中国家总计	1 276	100	33	1 203.4	100	22	2 364.3	100	41.2

数据来源: World Bank Search database, http://search.worldbank.org/data?qterm=poverty.
注: * 此处比例指贫困人口占发展中国家总人口的比例

　　从20世纪90年代到21世纪前10年期间,世界银行的贫困标准有所变化。根据世界银行关于贫困问题的《世界发展报告2000年版》,1998年按照每日1美元的收入标准计算,贫困人口约为12亿人。后来考虑到通货膨胀等因素,2008年贫困标准从1美元上调至1.25美元。在新标准之下,全球极度贫困人口依然有12亿人。不过由于全球人口的增加,贫困人口比例从33%降至22%。

　　此外,世界银行曾在上个世纪80年代中期预测贫困人口将在2000年减少至7亿～8亿人,显然这个预测没有实现。联合国在千年发展目标(MDGs)报告中宣称贫困人口减半的目标已经实现。然而这是按照每日1.25美元的贫困标准来计算,1990年的贫困人口比例为44%,因此2010年的22%是实现了减半,但期间贫困标准发生了改变,该统计结果具有较强政策性意图。1990年南方国家将近一半的人口都属于贫困人口的结果让人难以信服,因此应该认识到,在贫困人口的计算过程中也存在着国际机构为了证明其援助合理性所进行的统计操作。总之,现在南方发展中国家平均每4～5人中就有1人处于饥饿状态,这个严酷的事实是确凿无疑的。

从表9-2中还可以进一步发现，20世纪90年代以后，东亚地区、拉美地区的贫困人口均有大幅减少。特别是东亚及太平洋地区的贫困人口从4.5亿人变为2.5亿人，几乎减少了一半，这得益于中国等国家和地区的快速发展。

拉美及加勒比海地区的贫困人口从7 400万降至3 130万，也减少了约一半。多方面的因素对此做出了贡献，拉美国家采取进口替代工业化政策取得了成效，通过发展国内工业，用国内产品代替进口产品。中南美区域经济合作扩大了市场。此外，中美及安第斯国家的混血及印第安人等下层社会参与到政权当中，以及同时出现的民族主义高涨都扩大了国内市场。

但撒哈拉以南非洲的贫困人口却从2.4亿人变为4.2亿人，增加近一倍。南亚地区的贫困人口也仍然维持在5亿左右没变（比例从45%降至31%）。还有表9-2中没有体现出来，中东欧及中亚等经济转型国家的贫困人口曾在20世纪90年代中期激增至2 400万人，但后来通过与欧盟及俄罗斯的交流提高了收入水平，贫困人口减少至200万人左右。

根据国际组织的官方资料，在全球人口增加的状况下，虽然贫困人口比例减少了一半，但仍然有5亿～24亿的绝对数量人口属于贫困政策的对象。本书对1美元、1.25美、2美元等贫困标准是否妥当的问题不做深入探讨，但无论如何，全球贫困问题距离解决仍然遥远，由此产生了南北方国家之间的差距问题和利益冲突导致纷争络绎不绝。因此，贫困问题仍然是国际援助的首要课题。

南方世界内部，城市和农村贫富差距悬殊，农村人口不断流入城市，导致城市贫民现象严重。

表 9-3 发展中国家的城市人口、贫民窟人口

(2010年)

地区	总人口	城市人口	城市中的贫民窟人口	
	（100万人）	（%）	（%）	（100万人）
发展中国家总计	5 675.2	45	33	827.7
北非	199.6	52	13	11.8
撒哈拉以南非洲	831.5	40	62	199.5
拉美及加勒比海地区	596.2	80	24	110.8
东亚	1 593.6	50	28	189.6
南亚及中亚	1 743.1	32	35	190.7
东南亚	597.1	42	31	89.1
西亚	231.6	67	25	35.7

数据来源：UN HABITAT, Database.总人口数据来自 United Nations, *World Population Prospects 2012*.

　　被称作首位城市（primate city）的大城市里，人口呈现出爆炸式增长。例如2010年拉丁美洲的布宜诺斯艾利斯拥有1 300万人口、圣保罗人口为1 115万人，亚洲的北京人口数为1 150万人、孟买1 200万人、曼谷740万人、马尼拉1 000万人、雅加达960万人等。大城市人口集中的现象在南方国家比较普遍，与发达国家相对而言遍布全国全国的城市化方式形成对照。

　　通过表9-3可以看到，目前发展中国家的城市人口比例为45%，其中平均每3人中就有1人居住在贫民窟。根据联合国定义，贫民窟指缺少安全用水和卫生设施，人们以过于密集的状态居住在条件简陋的住所，居住权得不到保障的居住区域。

　　撒哈拉以南非洲居住在贫民窟的城市人口比例为62%，南亚及中亚为35%，东亚、东南亚的城市人口中也有28%～31%居住在贫民窟。

　　贫民窟居民的生活最大的特点是极不稳定。居住在贫民窟的人们大多没有固定工作，三轮摩托车司机、地摊小贩、建筑工人、拾荒者，甚至还有擦鞋或者卖

花的儿童，他们从事着仅够维持当日生计的各种职业，每天都被迫为了生活而挣扎。第二个特点是他们更容易遭受各类灾害侵袭。从市政当局或者房地产集团的拆迁，到时有发生的火灾、大雨引发的洪水，对这些没有生活保障的人们来说，灾害如同家常便饭。贫困人口同时也是人权都难以得到保障的人们。

灾害既包括干旱、地震、洪水、热浪、森林火灾、雪崩、山体滑坡及暴风雨等天灾，也包括战争和冲突、交通事故或技术灾害等人祸（第 8 章），无论发生了哪种灾害，生活基础脆弱的人们越多，受灾人口也就越多。

分配的不平等是贫困的根源

接下来讨论收入及权力的不平等分配，这是贫困的根源。

前文介绍了发展中国家之间存在显著的收入差距，发展中国家内部也存在巨大的收入差距。通过与发达国家内部的收入差距进行比较，读者便可以马上理解这一点。图 9-6 比较了发达国家和发展中国家 10% 的高收入阶层和 20% 的低收入阶层分别在国民总收入或总消费中所占的比例。从图中可以看出，在日本和瑞典，10% 的高收入阶层占总收入或总消费的 22%，20% 的低收入阶层比例为 9%～11%。

而中南美洲的墨西哥、智利、巴西的高收入阶层占 38%～43%，马来西亚、泰国、菲律宾等国为 32%～35%，与之形成对照的是，这些国家 20% 的低收入阶层只占国民总收入或总消费的 3%～7%。值得注意的是，俄罗斯、中国等经济转型国家的国内收入差距远远超过发达国家。

发展中国家的内部权力结构导致其财富分配远比发达国家更不公平，由此产生了收入和消费的显著不平等，也成为贪污腐败的源头。

不过值得注意的是，随着近些年经济全球化的不断渗透，发达国家内部的社会不平等也开始呈现出扩大趋势。

本书序章介绍了美国总统奥巴马在2012年的经济报告中对美国日益扩大的收入不平等现象提出了警告。奥巴马的报告指出，贫富差距的扩大导致社会底层的人们难以转变为社会上层，贫困阶层子女被囚禁在社会底层，引发贫困的恶性循环。

图 9-6　主要发达国家及发展中国家的收入差距

（2010年前后）

国家	10%的高收入阶层在总收入或者总消费中所占比例（%）	20%的低收入阶层在总收入或者总消费中所占比例（%）
瑞典	22	9
美国	30	5
日本	22	11
智利	43	4
墨西哥	38	5
马来西亚	35	5
俄罗斯	32	7
巴西	43	3
泰国	31	7
菲律宾	34	6
中国	30	5
南非	52	3
印度	29	9
孟加拉国	27	9

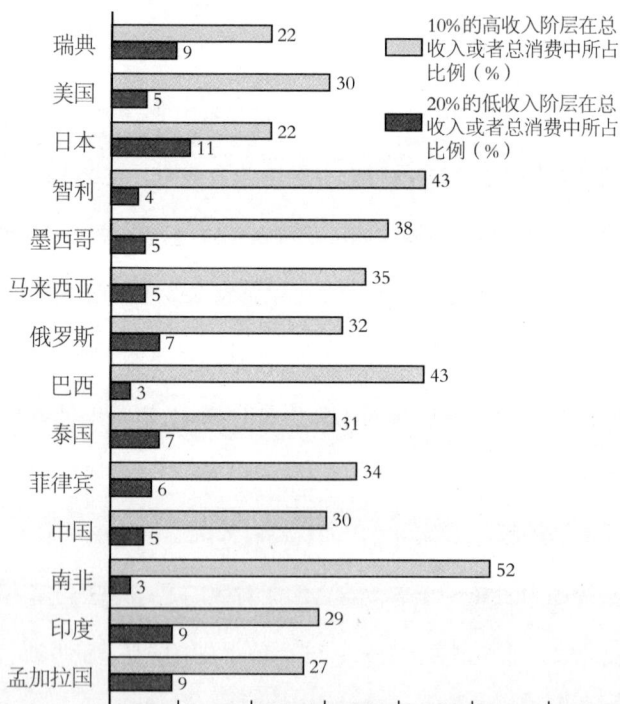

数据来源：World Bank, Development Indicators: Income Distribution. http://search.worldbank.org.data?qterm=inequality.

图 9-7　OECD 成员国的基尼系数

（1980 年，2010 年）

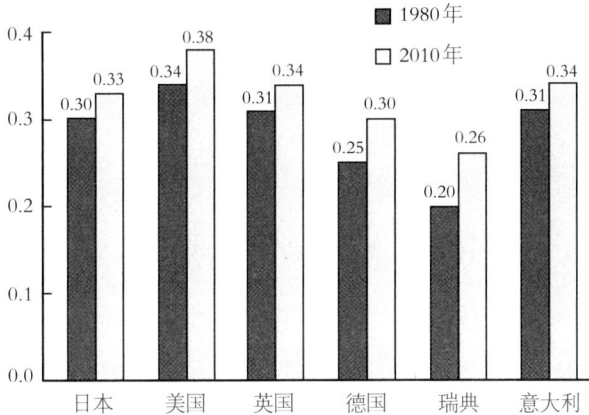

数据来源：OECD Database: Income Distribution-Inequality. http://www.oecd.org/social/inequality.htm.

　　虽然还没有美国那么极端，但其他发达国家和新兴经济体也存在同样现象。根据意大利统计学家命名的基尼系数是衡量社会各阶层收入分配平等程度的指标，数值越大表示越不平等。如图 9-7 所示，OECD 各成员国的不平等程度在近30 年间均有所扩大。发展中国家（尤其是中南美和中东国家）的基尼系数一般比较高，巴西、阿根廷的基尼系数高达 0.45～0.56，并体现为这些国家近些年来民族主义高涨、底层得以进入权利体系等政局变动。日本的基尼系数也逐渐增高，目前其不平等程度已经与印度（0.33）和菲律宾（0.44）相近。

　　综上所述，无论南北问题、还是南南问题，本质上来说都是由于世界经济体系中富人主导型的权力结构导致的，除非改变这种权力结构，否则无论是北方国家还是南方国家都难以实现经济社会的健康发展。

　　可以说全球化也利用了这种不平等的权力结构，通过在全球驱使廉价劳动力才得以发展起来，在发达国家则体现为跨国公司对年轻人及中老年劳动力才资源的浪费。

对外援助究竟是为了谁？

接下来考察对外援助对解决南北问题所发挥的作用。

经济援助指发达国家向发展中国家提供的政府或民间资金。在联合国，经济援助最初是指为缩小南北差距而进行的资金转移，包括政府开发援助（ODA）及民间投资等。但发达国家的援助往往会更优先考虑其他方面的情况。比如美国对以色列、巴基斯坦等的战略援助，以及欧盟对非洲、中东和经济转型国家的援助，均出于政治上和战略上的考虑。日本的资源开发援助，如要求被援助国从日本进口基础设施的日元贷款，或者是为日本企业在外国发展铺平道路而支援当地开展面子工程等，则是出于经济上的考虑。不过也有北欧国家以及荷兰等小国为了促进世界和平而进行人道主义援助。

无论哪种情况，对外援助出现至今已经超过半个世纪，而南北差距和南南差距依然存在，而且经济全球化之后全球都出现贫富差距扩大的情况，因此也不难理解，一些发展中国家知识分子指责对外援助为发达国家带来了更多利益。

不过值得注意，在今天的全球化时代，从北向南的资金流动越来越以追求利润的民间企业为主，政府开发援助（ODA）则出现了一些新的特征。

OECD属下设有专门负责协调向发展中国家提供援助的发展援助委员会（DAC），由28个成员国和欧盟组成。20世纪90年代，发展援助委员会成员的政府开发援助（ODA）按实际支出额计算一直维持在500亿美元左右，2000年为530亿美元，21世纪前几年急速增到1 000亿美元左右，2011年达到1 340亿美元（图9-8）。

21世纪前10年政府开发援助大幅增加的主要原因是2011年发生的"9·11"恐怖袭击给美国及其他发展援助委员会成员带来的巨大冲击。具体体现在以下几个方面。

第一，美国总统布什发动了反恐战争，与其相关的对外援助大幅增加。虽然军事援助并不算作政府开发援助，但打倒敌对政权之后会需要数额庞大的重建援助。援助也可以用来换取周边国家的合作。这一时期，美国对阿富汗和伊拉克等战争区域以及巴基斯坦等周边合作区域的援助额快速增加。2000—2001年美国对外援助总额为110亿美元，2007年增至220亿美元，2011年为310亿美元，21世纪前10年里增加了两倍。

图 9-8　发展援助委员会成员的政府开发援助及 NGO 对发展中国家的援助
（2000—2001年度至2011年，按实际支出额计算）

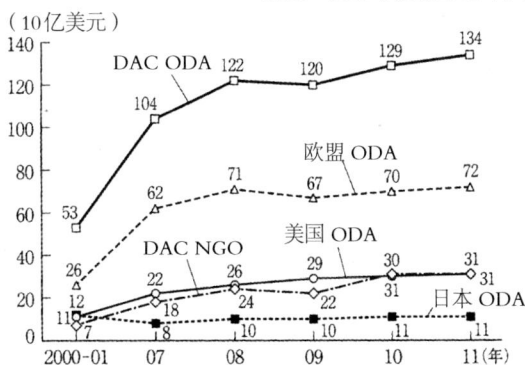

数据来源：OECD-DAC. Aid Statistics. http://www.oecd.org/dac/stats/statisticsonresourceflowstodevelopingcountries.htm.

第二，"9·11"恐怖袭击使发达国家意识到贫困是滋生恐怖主义的温床，21世纪前10年的前半期，欧盟主要成员国大幅增加了之前分别为约50亿美元左右的对外援助。到21世纪前10年的后半期，欧盟成员国的对外援助总额由2000—2001年的平均260亿美元增至700亿美元左右，变为原有水平的3倍。

进入21世纪以后，发展援助委员会成员的对外援助具有以下四个显著特征。

第一，联合国千年发展目标（MDGs）中的消除贫困、健康及教育等社会发展受到重视。这是因为在全球化发展的今天，发展援助委员会成员的资金转移以民间投资为主，对由此引发的社会问题也需要采取一定的应对措施。也就是说，政府开发援助带有浓厚的弥补民间投资导致的"市场失灵"的色彩。联合国千年计划和后千年计划都体现了国际组织、发展援助委员会援助的主要目的。

第二，美国和世界银行推行的良政（good governance，依法治理、保障公民自由、惩治贪污腐败等）获得了广泛共识。20世纪90年代以来，非洲各国的军人政权相继倒台，随着文官政府陆续出现，欧盟各成员国也加大了援助力度促进这方面的前进。

第三，美国、世界银行等积极推动发展中国家发展市场经济，要求援助对象国放宽政府管制和贸易管制、明确土地所有权、支持创业等，也可以说是在为跨国公司进入发展中国家发展创造条件。

第四，经济全球化迅猛发展的当今时代，世界范围内的资源争夺战、因贫困和民族问题而发生的内战、灾害和传染病频发等问题都愈发严重。难民问题，包括国内难民的问题依然严峻。面对冲突和灾害的频发，联合国的独立委员会于2003年发表了关于人类安全（human security）的报告，日本、加拿大、挪威等国为这些紧急课题的解决提供了援助。

关键词　人类安全

　　由前联合国难民高级专员绪方贞子和剑桥大学教授阿玛蒂亚·森共同担任主席的联合国人类安全委员会于2003年发表报告，呼吁国际社会将人类安全作为国际合作的一个主要目的。

　　该报告指出，全球化迅速发展的当今世界，单个国家未必能够充分保障每一个人的安全，国际社会在解决纷争和促进发展之际，应该重视对每一个人的保护和赋权，并提出了以下建议。①保障每一个人最低限度的生活水平，普及保健和教育；②保护人们免受战争、冲突及武器扩散的威胁；③设立基金促进冲突转向和平；④发展能够惠及贫困人群的公正的贸易及市场体系；⑤普及全球意识，强化人道主义、兼爱等人类共同意识。这些建议体现了过去以基础设施建设为核心的援助内容将要发生转变。

　　日本对外援助在2000—2001年度达到了120亿美元的顶点。21世纪以后，全球范围内的援助均有增加，日本却仍然维持在100亿～110亿美元左右。在日本的政府开发援助当中，有一半是与日本出口挂钩的日元贷款或提供给海外日本企业的投资金融，其余一半是与联合国千年发展目标、经济基础设施、环境及人类安全领域相关的紧急援助，因此也有批评意见认为日本对南北结构性问题（如开放日本市场等）没有做出充分努力。

　　日本的政府开发援助只占GDP总值的0.18%，远远低于其在联合国承诺的0.7%，也低于发展援助委员会成员0.29%的平均水平，2013年在发展援助委员会24个成员中位居第20位。也有意见指责日本的援助以需要偿还的日元贷款居多，无偿援助的部分过少。作为发达的经济大国，由于对外援助标准太低，日本面对全球化世界的应对方式受到了质疑。

随着发展援助委员会成员与联合国千年发展目标相关的援助增加，近些年来，NGO援助也有了大幅增加。如图9-8所示，2000—2001年NGO对外援助为70亿美元左右，到2007年达到180亿美元，2011年则增至310亿美元，目前已经与美国的对外援助总额持平。随着全球发展趋势向联合国千年发展目标相关内容的靠近，更擅长软援助的NGO援助也将发挥更为重要的作用。

民间资金的流动

全球化时代，发达国家流向发展中国家的资金当中，民间资金的重要性越来越突出。图9-9体现了从发展援助委员会成员流向发展中国家的民间资金的变化。2011年资金流动总额为3 220亿美元，多达政府开发援助总额的3倍以上。此外，从发达国家流向发展中国家的侨汇达到3 000亿美元。如今政府开发援助在发达国家流向发展中国家的资金总额中只占了不足两成的一小部分。

但是，民间资金的流动并不是一直保持稳定的。资本主义的本质决定，企业如果觉得有利可图就会积极投资，如果觉得收益前景暗淡就会停止投资，将资金撤回本国或另选别国作为投资对象。这将会给投资对象国带来经济萧条、失业增加等问题。

图 9-9 从发展援助委员会成员流向发展中国家的民间资本的变化

（2000—2001 年度至 2011 年）

（10 亿美元）

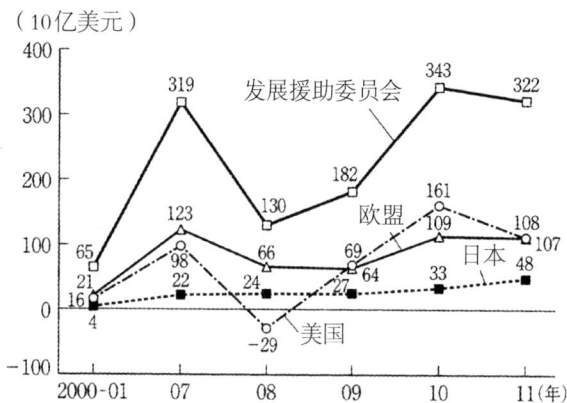

数据来源：同图 9-8。

注：民间资金包括直接投资、债券投资及出口信贷。

　　图 9-9 为 2000—2001 年至 2011 年期间从发展援助委员会成员、欧盟、美国、日本到发展中国家的民间资金净流动（民间资金流动总额减去利润及返还利息等流回本国金额之后的差额）的变化情况。资金流动额从 2000—2001 年的 650 亿美元上升到 2007 年的 3 190 亿美元，到 2011 年时增至 3 220 亿美元。这一数据在 2008 年受次贷危机影响也曾下降到 1 300 亿美元，只有前一年度的四成左右，这也说明民间资金流动是极不稳定的。

　　既然民间投融资不是慈善事业，全球化的推动者们所宣扬的开放市场、资本自由化和市场经济化也就不一定有益于发展中国家的经济发展。不过发达国家的资金以及美国的金融缓和政策在很大程度上也帮助了新兴经济体实现基础设施建设和吸引跨国公司投资，从这个意义来看，世界经济的一体化确实取得了一定的发展。

　　南方国家的经济发展过度依赖发达国家的民间资金，导致前文介绍的社会发展问题、人类安全问题等日益成为这些国家发展过程中亟待解决的课题。联合国的千年发展目标将消除贫困等社会发展问题作为2015年前的援助重点。2014年联合国大会讨论了2015年以后的后千年目标，将发达国家的就业、幸福感等问题也涵盖在内，制定出更具有全球视角的发展目标。

关键词　**联合国千年发展目标（Millennium Development Goals，MDGs）**

联合国千年发展目标指2000年联合国千年首脑会议提出的8项国际发展目标。各成员国及国际组织承诺在2015年前实现以下发展目标：①消灭极端贫穷和饥饿②普及初等教育；③促进两性平等并赋予妇女更多权利；④降低儿童死亡率；⑤改善产妇保健；⑥与艾滋病毒/艾滋病、疟疾以及其他疾病对抗；⑦确保环境的可持续能力；⑧全球合作促进发展。

根据2013年的千年发展目标报告，发展目标中的消除贫困、保障安全饮水、防治疟疾及肺结核、改善贫民窟居住条件、债务削减等项目取得了一定成果，但在保护环境、保证营养均衡、降低婴幼儿死亡率、防止艾滋病毒和艾滋病感染、普及初等教育及卫生设施、提高妇女社会地位、缩小城乡差距等方面还需要进一步努力。特别是最不发达国家（LDC）的这些问题亟待改善。

2014年召开的联合国大会讨论了2015年以后的"后千年发展目标"，新的发展目标着重关注以下四点。①经济发展与环境保护的协调（可持续性发展）；②重视社会差距及经济差距问题（在最不发达国家及社会底层中普及联合国千年发展目标）；③确立南北共同的发展目标（消除相对贫困和性别歧视，缩小城乡差距），解决因就业和社会内部差距产生的阶层对立，即社会分裂问题；④改善收入贫困的基础上，追求人类与社会相协调的良好生活方式（well-being）。总之，在人类基本需求得到某种程度的满足之后，消除贫困的下一步是，将人类环境的改善纳入发展计划，包括确立良好生活方式、更合理的收入分配、更民主的公共治理等，即在 GDP 增长的基础上追求真正的富足。为了实现上述人类和社会的协调发展目标，需要政府与民间（包括企业、市民社会）的通力合作。

欧盟的扩张历程

第 1 章介绍了市民社会、恐怖主义和区域化等经济全球化背景下出现的发展态势。接下来分别以欧盟、东亚经济圈和经济转型国家经济圈为例，探讨区域化形成在全球化大潮中所起到的作用。

首先看欧盟的变迁。1957 年的《罗马条约》宣告了欧洲经济共同体（EEC）的成立，其背后具有两个重要背景。

第一，它来自于一种朴素的理想主义情怀。欧洲是两次世界大战的主战场，为了这个地区的永久和平，欧洲国家之间必须清除壁垒，结成联盟。这是被称为欧洲统一之父的让·莫内[①]和罗伯特·舒曼[②]的理想主义设想。当时的乌托邦式理想仅在半个世纪之内就变成了现实，从大西洋到乌拉尔的广袤区域形成了一个包括 28 个成员国的政治、经济、社会共同体，拥有相同旗帜、相同货币、相同签证，共同分享多元文化和多种语言。

第二，它来自于一种客观的现实主义压力。第二次世界大战之后，处于美苏

[①] 让·莫内：1888—1979，法国政治家，欧洲煤钢共同体总裁。
[②] 罗伯特·舒曼：1886—1963，法国总理，外交部部长，欧洲议会首任议长。

两国的冷战体系之间，既不屈服于美国的霸权主义，也不被苏联的共产主义所吞并，欧洲需要树立自己的独特个性，探索一条独立于冷战体系的发展道路。要实现这个目标，必须建立起可以与美苏媲美的欧洲统一大市场，发展区域内分工，培养大型企业，推进高效的现代化发展。欧洲统一为这个区域带来了足以对抗美苏的经济实力。

截至2012年底，欧盟人口为5.5亿人，GDP总额17.8万亿美元，人均GDP为3.2万美元。美国人口约为3.1亿人，GDP总额15.7万亿美元，人均GDP为5万美元。如表9-4所示，欧盟已经实现了与美国实力相当的GDP总额。日本人口为1.25亿人，GDP总额4.8万亿美元，人均GDP为3.84万美元。如果将东盟10国、东亚国家和地区（中国、中国台湾、韩国、朝鲜、蒙古），以及日本放在一起来看，东亚经济圈人口超过22亿人，GDP总额18.2万亿美元，大致可以与欧美匹敌。

东亚经济圈内部很不均衡，但是总体上的发展极富活力。10年前，东亚经济圈的GDP尚不及欧美的50%，而今天则已经可以与欧盟比肩。

表9-4　欧盟、北美自贸区、东亚经济圈的基础数据比较

（2012年）

	面积 （100万 km2）	人口 （亿人）	GDP （万亿美元）
欧盟	4.3	5.5	17.8
北美自贸区	21.6	4.63	19.8
美国	9.4	3.14	15.7
东亚经济圈	16.3	22.4	18.2
日本	0.378	1.25	4.8
东盟	4.48	6.2	2.4
东亚其他*	11.4	14.5	11.0

数据来源：联合国统计年鉴、世界银行数据库、欧盟统计局以及日本东盟中心数据。
注：*东亚其他指中国大陆、中国台湾、韩国、朝鲜、蒙古等5个国家和地区。

欧盟的发展过程大致可以分为表9-5所示的五个阶段。

第一个阶段从1957年《罗马条约》签署到20世纪60年代末共同市场形成为止。共同市场废除区域内关税、设定统一的对外关税，并允许资本和劳动力自由移动。此外，农产品领域也设定统一价格，形成了共同市场。第一阶段的12年里，区域内贸易额增加3倍，共同市场化获得了极大成功。1967年，欧洲经济共同体（EEC）与欧洲原子能共同体（EURATOM）、欧洲煤钢共同体（ECSC）机构合并，统称欧共体（EC），设立欧洲委员会作为共同的政策决定机构，提出政策交欧洲议会讨论和审议。这一阶段，在共同市场的基础上，形成了欧盟的超国家机构框架。

第二个阶段为1970年至1985年。这一阶段，史密森学会协议决定不再实行固定汇率制，欧共体六国采用了统一的蛇形浮动汇率制，进一步明确了实现经济货币同盟的目标。为此，欧共体首先设立欧洲货币合作基金（EMCF），后于1979年建立欧洲货币体系（EMS），即后来的欧元形成的源头。欧洲货币体系根据成员国货币加权平均决定了欧洲货币单位（ECU），作为欧共体的结算单位、储备货币和结算手段。通过蛇形浮动汇率和欧洲货币体系，欧共体各成员国学会了如何协调彼此的经济政策。

这一阶段，英国、丹麦、爱尔兰于1973年，希腊于1981年，西班牙、葡萄牙于1986年加入欧共体，欧共体成员增加到了12国。

第三个阶段缔结了一系列重要的政治及经济协定，经过《单一欧洲法案》（Single European Act）和《马斯特里赫特条约》，欧共体实现了向欧盟（European Union）的转变。这一时期为2001年至今欧盟向整个欧洲扩张、通过欧元实现质的深化打下了基础。

表9-5 欧洲一体化的历程

第一阶段（1957—1969）草创期
1957年　比利时、法国、联邦德国、意大利、荷兰、卢森堡签署《罗马条约》
1958年　欧洲经济共同体（EEC）成立
1967年　欧洲共同体（EC）成立（EEC、EURATOM、ECSC合并）

第二阶段（1970—1985）统一准备期
1973年　设立欧洲货币合作基金（EMCF）
　　　　英国、丹麦、爱尔兰加入欧共体
1979年　欧洲货币体系（EMS）建立
1981年　希腊加入欧共体
1985年　格陵兰岛（丹麦自治领土）脱离欧共体
　　　　签署《申根协定》

第三阶段（1986—1998）统一进展期
1986年　西班牙、葡萄牙加入欧共体
　　　　《单一欧洲法案》签订
1993年　《马斯特里赫特条约》生效，欧共体改称为欧盟
　　　　欧洲单一市场启动（商品及服务的自由化）
1995年　瑞典、芬兰、奥地利加入欧共体
1997年　《阿姆斯特丹条约》签订（决定了欧盟的决策方式）

第四阶段（1999—2007）欧盟向整个欧洲扩大
1999年　欧元开始作为结算货币
2000年　欧盟合并西欧联盟（WEU）
　　　　通过《尼斯条约》（欧盟东扩之际，修订了《阿姆斯特丹条约》所规定的决策机制）
2001年　欧元开始作为货币流通
2004年　欧盟东扩：波兰、捷克、匈牙利、斯洛文尼亚、斯洛伐克、拉脱维亚、立陶宛、爱沙
　　　　尼亚、马耳他、塞浦路斯等十国加入欧盟
　　　　法国、荷兰公民投票否决欧洲宪法条约草案
2007年　保加利亚、罗马尼亚（2013年克罗地亚加入）加入欧盟，形成欧盟28国格局
　　　　签署《里斯本条约》取代宪法条约（2009年生效）

第五阶段（2007年至今）应对金融财政危机、欧洲债务危机的同时，欧盟统一的重组时期
2007—2009年　次贷危机引发金融危机，欧洲银行损失惨重，各国政府为应对金融危机而扩大
　　　　　　　财政赤字
2009—2011年　主权债务危机。为应对主要位于南部的葡萄牙、爱尔兰、意大利、希腊和西班
　　　　　　　牙五国（PIIGS）以及塞浦路斯等国家的主权债务危机，欧盟与欧洲中央银行
　　　　　　　（ECB）、IMF共同出资8 000亿欧元（相当于荷兰与比利时的GDP之和）设立
　　　　　　　欧洲金融稳定基金（EFSF），用于援助。
2012—2014年　通过稳定暨成长协定、银行同盟、财政协定等，解决金融
　　　　　　　财政危机、主权债务危机遗留问题，探索欧洲重组之路。

数据来源：本表根据欧盟官方网站数据制作。

根据《单一欧洲法案》的规定，欧共体内部消除了产品和服务两个方面的域内交易壁垒，于1993年启动欧洲单一市场。《马斯特里赫特条约》则从外交和安全保障、经济和货币，以及社会的三个领域推进成员国的政策统一。随着1993年1月1日《马斯特里赫特条约》生效，欧共体正式改称为欧盟。

1997年通过的《阿姆斯特丹条约》中增加了以下条款，即欧盟首脑会议的决定原则上需要全体一致通过，但也允许反对国选择建设性弃权。不过如果弃权国家超过三分之一，提案则被视为否决。该条约还包含了1985年《申根协定》关于成员国自由通行的规定。后来，在第四阶段东扩之前，欧盟通过《尼斯条约》修改了《阿姆斯特丹条约》规定的决策方式，扩大了使用有效多数制进行表决的提案的范围。根据该条约，首脑会议出现意见分歧时，只要有8个国家同意即可以视为各国的共同政策，旨在建设一个更为高效、统一的欧洲。从这些条约可以看出，为了改变石油危机和随之的经济萧条以后，欧共体经济发展裹足不前的状况，欧盟旨在通过强硬的政治导向来推动欧洲统一迈向更高阶段。

随着2001年欧元正式流通，欧盟各国之间的一体感得到了质的提高，也由此开始了欧盟发展的第四阶段，即向整个欧洲扩大的时期。

2004年又有10个中东欧国家加入，开启了由25个国家组成的扩大欧盟时代。保加利亚、罗马尼亚、克罗地亚相继加入欧盟之后，土耳其、塞尔维亚等国也提出了加入申请。

1993年的《哥本哈根标准》规定，加入欧盟需要具备以下条件：①实行民主、法治，尊重人权和少数民族；②实行市场经济；③必须接受欧盟《马斯特里赫特条约》规定的政治外交、经济货币、社会的三个统一。土耳其因为不符合第一个条件，加入欧盟的谈判迟迟未能取得进展。欧盟已经成长为统领欧洲的大型政治经济组织。同时，欧盟还在2000年合并了西欧联盟（Western European Union，西欧各国的军事安全保障联盟），确立起独立于美国主导的北大西洋公约组织（NATO）之外的军事安全保障体制。

此外，第四阶段还通过《里斯本条约》导入总统制，统一各国外交政策的同时，推进欧盟内部的机构改革，确立使各国议会和公民能够参与立法过程的相关机制。

但由于2007年后发生的世界经济金融危机，与美国金融机构互相渗透程度极高的欧洲金融机构也蒙受巨大打击，各国政府相继出台救助措施，导致了尤其是经济实力薄弱的南欧国家债务膨胀，发生了主权债务危机。同时，北欧各国的财政赤字也大幅增加，欧元的价值遭受严峻挑战。这些都是欧盟在目前的第五阶段所面临的课题。

欧盟今后的课题

目前，欧盟主要面临以下课题。第一，欧盟内部的南北问题。正如前文介绍的，南欧国家经济实力薄弱，再加上新加入欧盟的大多是经济转型国家或属于在欧洲收入较低的国家，因此相应地增加了欧盟尤其是北欧各国的财政负担。为了解决主权债务危机，欧盟与欧洲中央银行承诺向南欧国家提供巨额救助，财政问题今后也将进一步制约欧盟的政策发展。

第二，欧盟以德法等国为核心发展起来，但从财政健全性角度来看，法国、意大利等多个国家财政赤字已经超过GDP的3%，还有很多国家政府债务余额超过了规定的60%。虽然欧盟也试图通过财政协定等措施重建财政规则，但目前除了德国以外，其他国家的经济恢复仍然前途未卜。因为经济危机和失业增加，法国国内民族主义情绪高涨，2012 年上台的奥朗德社会党政权一改萨科齐时代的法德合作路线，不顾欧盟委员会的财政紧缩方针，推出了金融宽松的经济增长政策。同时，各成员国内的反欧盟政党势力也呈上升趋势。各国在兼顾本国经济增长的同时，如何推进财政重建，如何与布鲁塞尔（欧盟总部所在地）保持距离，这些问题产生了欧盟内部的两难境地。[①]

第三，随着欧洲统一进程的推进，大量难民及务工者经由新成员国从周边涌入欧盟，导致法德等国出现了排他主义、种族歧视主义死灰复燃的现象。

第四，能源政策。在欧洲，除了拥有北海油田的挪威（未加入欧盟）、英国（因产油量减少而成为原油进口国）之外，大多数国家都缺乏石油资源。因此，欧洲国家很早就开始致力于发展核电事业。但是自"切尔诺贝利核事故"以来，去核电化的呼声逐渐增高，目前欧盟成员国当中，拥有核电站的国家和没有核电站的国家各占一半。此外，20 世纪 80 年代以来，欧盟地区在开发和使用可再生能源方面取得了显著成绩。欧盟进口的石油和天然气有三分之一来自俄罗斯，但由于俄罗斯吞并克里米亚自治共和国而遭受经济制裁，欧盟也极有可能将要面临能源危机。东欧国家为了减少对俄罗斯天然气的依赖，确立了发展核电事业的方针。

2011 年福岛核电站发生了核泄漏事故之后，之前考虑推迟去核电化日程的德国决定仍然按照原计划在 2022 年之前废除所有 17 台核电机组，瑞士、意大利、比利时也冻结了核电项目，继续走向去核电化。法国的奥朗德社会党政权宣布在 2025 年之前将核电比例从目前的 80% 降低至 50%。英国、芬兰虽然没有改变增建核电站的方针，但受到核电站建设成本增加的影响，增建计划预计会大幅延迟。

---

① 2016 年 6 月，英国已经通过公投脱离欧盟。——编者注

综上所述，在核电化问题上欧盟成员国的政策并不完全相同，所以规划欧洲统一的电力市场时，统一核电政策将会成为一个重要课题。现在，随着欧洲内部区域主权政策的发展，电力事业开始跨越国境，出现了苏格兰等致力发展自然能源出口产业的国家和地区。此外，欧盟拥有很多接近服役年限的核反应堆，这些废旧核反应堆和废弃物处理方面的合作也将促进欧盟核电政策的发展。

这些课题都与欧洲经济的全球化发展息息相关，因此其解决方法也很难一蹴而就。比如法国主张缩减核电，但另一方面却又实行核电出口政策。

欧盟拥有独特的社会民主主义传统，探索出了一条独特的"第三条道路"，既不同于自由市场经济万能主义，也不同于管制型的中央计划经济。因此，在后经济危机时代，欧盟在坚持欧洲统一目标的同时，还将根据各个成员国的具体情况采取实用主义的灵活对策。今后欧盟仍将促进区域分权和各区域间的相互交流，发展官民合作，协调市场经济与公共政策，兼顾效率和公平，发挥市民社会的积极性，倡导可持续发展方式，实现丰富多彩的治理方式。

东盟、日本和中国，东亚经济圈谁主沉浮？

面对欧盟的不断发展，20世纪80年代以后，亚洲国家也开始讨论建立本区域的合作体制。1989年，经澳大利亚倡议，亚太经合组织（APEC）正式成立。APEC最初包括美国、加拿大、澳大利亚、新西兰、日本、韩国以及当时的6个东盟成员国，后来又有中国、中国台湾、中国香港、墨西哥、智利、巴布亚新几内亚、越南、秘鲁及俄罗斯相继加入，截至2014年1月，成员共有21个国家和地区。

APEC是一个较为宽松的政府间合作机制，以促进亚太地区的经济技术合作为目的，每年召开一次首脑会议。但近些年来，东盟方面提出了一些新的主张，认为需要建立 APEC 以外的专门对话机制来讨论亚洲的区域合作。这种呼声源于以下背景原因。

第一，在 1997—1998 年的亚洲货币金融危机之后，东盟成员国认识到被经济全球化浪潮左右的危险。而日本在这一时期通过新宫泽构想①，提供了高达 700 亿美元的巨额资金，为东盟成员国及韩国的经济复苏做出了积极贡献。鉴于这些货币合作取得的业绩，东盟内部出现了更多向东亚靠拢的呼声。

第二，APEC 方面，美国逐渐要求成员国发展经济自由化，以促进全球化发展，导致东盟成员国开始与 APEC 保持距离。以 2003 年的亚洲债券基金为代表，设立基金帮助区域内国家用美元或者本国货币购买国债的区域合作设想逐步走向现实。在此之前，日本曾在 1998 年提议成立亚洲货币基金，但由于美国和中国反对而未能实现。美国担心类似的区域货币金融机构削弱国际货币基金组织（IMF）的影响力，中国则不愿意看到日本在亚洲区域货币合作机制中发挥主导作用。

但进入 21 世纪后，东亚国家和东南亚国家开始意识到区域合作的必要性。早在 APEC 成立不久的 1990 年，马来西亚前首相马哈蒂尔曾提出成立东亚合作会议（East Asian Caucus），试图与东亚国家建立合作机制，但没有获得包括日本在内的东亚国家的回应。不过为了应对全球化的发展，东亚国家也开始开展协商区域合作，2003 年 12 月在东京召开的日本与东盟特别首脑会议提出创建东亚共同体，同时开始日本与东盟国家间的全面 EPA 协定谈判。

但是，东亚共同体设想从一开始就受到中日两国主导权之争的左右。东盟主

---

① 根据当时日本外相宫泽喜一的名字命名的外汇融资政策。

张"东盟+3"的区域合作框架,但日本担心东亚的区域合作招致美国不满,积极倡议于2005年创建东亚峰会(East Asia Summit,EAS),邀请澳大利亚、新西兰和印度,由东盟+3+大洋洲两个国家+印度的16个国家召开首脑会议。在2011年,美国、俄罗斯参加东亚峰会,使其区域主义色彩进一步减弱。

目前东亚的区域合作包含"东盟+3"和东亚峰会这两种体系,两个体系之内以及两者之间都在进行FTA谈判。但在后经济危机时代,亚洲各国民族主义高涨,日中两国的对立进一步激化。因此,日本民主党的野田佳彦内阁时期开始将目光转向美国主导的以推进太平洋地区自由贸易谈判为目的的跨太平洋伙伴关系协定(TPP),采取重视TPP的政策。美国由于WTO等全球化的发展机制受阻而推进TPP,随着相关国家都将重心转向TPP,东盟国家当初想通过东亚区域经济合作解决全球化陷阱(大城市和巨型企业走向繁荣,导致贫富悬殊和失业问题的激化)的设想将在一段时间之内束之高阁。

关键词 跨太平洋伙伴关系(Trans–Pacific Partnership,TPP)协定

跨太平洋伙伴关系协定最早始于新加坡、新西兰、智利、文莱等四个国家在2006年创建的经济合作伙伴协定。2010年美国、澳大利亚、秘鲁、越南等国加入,后来马来西亚、墨西哥、加拿大以及日本也相继参加,最终由12个国家参加谈判。TPP除了贸易自由化之外,还涉及知识产权、竞争性政策、政府采购及服务贸易等领域,美国希望能够通过太平洋区域的讨论,就与日本之间一直呈胶着状态的结构改革协商达成全球化标准。东盟自由贸易区等自由贸易协定通过设置不同的自由化阶段来照顾区域内落后国家和地区,而TPP则完全不考虑弱势部门或产业,一律要求自由化。因此也有意见认为,应该警惕其成为推

动小型全球化的区域机制。

经济转型国家的区域合作

接下来介绍经济转型国家的区域合作动向。

随着东西冷战体制结束和苏联解体，过去实行中央集权的社会主义国家纷纷开始迅速向市场经济转型，形成了转型经济（Transition economics）圈。从广义上看，以俄罗斯为代表的前苏联国家、东欧国家、中国、越南和蒙古等社会主义国家都属于这一范围。不过类似苏联时代经济互助委员会（COMECON）的社会主义经济圈已经不复存在。这些国家大多采用宏观财政及金融政策，整顿税制，实行国企民营化，扶植个人、集体以及中小型民营企业，推进市场经济发展。

中国和越南等亚洲国家通过引进外资来推动市场经济发展，实现了经济的高速增长。中国在全球化前途未卜的情况下，寻求接近东盟，并与日本产生摩擦。中东欧国家大多选择加入欧盟，希望利用欧盟的资金和贸易实现经济增长。前苏联国家中，俄罗斯作为资源大国重新在区域内部树立了强大的影响力，而乌克兰、格鲁吉亚等国则被迫面临着艰难的选择，是向西欧寻求出路，还是再次与俄罗斯牵手。在官僚统治作风浓厚的经济转型国家，随着市场经济的发展和商业机会的扩大，贪污腐败的蔓延也成为一个严重的问题。

在前苏联经济圈里，目前主要有两个继承了旧社会主义体制的区域组织。一个是以俄罗斯为核心的独立国家联合体（CIS，简称独联体，1991 年由除了波罗的海各国之外的前苏联加盟国家为协调外交问题而成立，2009 年格鲁吉亚脱离独联体）；另一个是由中国、俄罗斯、哈萨克斯坦、吉尔吉斯斯坦、塔吉克斯坦、乌兹别克斯坦组成的上海合作组织（蒙古、印度、伊朗、巴基斯坦、阿富汗以观察员国家身份参加，美国曾申请作为观察员参加，但遭到拒绝）。独联体由于与俄罗斯之间的利益关系，实际上并未充分展开活动。

上海合作组织是关于中亚地区军事安全及能源合作的组织，今后具有两种发展可能性。第一种可能性是，成为连接中国与俄罗斯的轴心体制。从中国方面来看，这个组织在第1章所述的G2战略中具有稳固后方的作用，中亚地区在两个大国之间形成了一个绝妙的缓冲地带。无论是对俄罗斯来说，还是对中国来说，这个缓冲地带都能起到遏制伊斯兰民族主义抬头的作用。两国都在这个地区举行过军事演习。

第二个可能性是，近些年在哈萨克斯坦等中亚及里海沿岸地区发现并开采出大量的石油、天然气资源，这一地区有可能成为自然资源的开发合作区域。包含俄罗斯在内的欧亚区域拥有全球8%的石油探明储量（2013年），对于石油进口大国中国而言，这是极为宝贵的邻近资源地区。成立于2001年的上海合作组织，一直带有浓厚的安全保障合作色彩，但从未来走势来看，也具有发展成为与拉美和加勒比共同体（CELAC）或者东盟（ASEAN）并列的，包含南亚和伊斯兰圈大国的强大的非欧美共同体。也可以视为欧亚地区及亚洲应对欧美主导的全球化的一个措施。

第 10 章

军事化发展与市民社会的深入

　　普通市民可以从身边的小事做起，消除贫困和歧视、偏见、暴力文化等恐怖主义的温床。恐怖主义与我们的日常生活息息相关，甚至可以说它直接来源于我们的生活方式。

冷战结束，全球军费支出却不减反增

全球化背景之下，军事化也在全球范围内不断发展。

冷战末期的1990年，全球军费支出为8 000亿美元，其中一半属于美国，四分之一属于华沙条约组织。当时军事化的主要课题是美苏两国的核武器及其运输手段（导弹）的开发竞争下不断升级的"恐怖的均衡"。

冷战体系结束之后，军事化形势也发生了很大变化。

过去的军事化的主要局面是国家之间的紧张和冲突，近些年来则出现了国家与非国家行为体、非国家行为体之间的冲突导致军事化扩大的趋势。安全问题在过去只意味着国家安全（national security）问题，但如今则呈现出显著的多元化倾向，指多个国家合作的集体安全保障（collective security）以及人类安全（human security）（第9章）等。

冷战结束后全球军费支出维持在1万亿～1.1万亿美元之间，21世纪前10

年的上半叶增至1.4万亿美元，2010年之后又骤增至1.7万亿美元左右。1993到2012年的20年间，全球军事支出增长了0.5倍，表明世界进入了新的扩军时代。全球军费支出中有四成来自北美，主要是美国。即使在冷战结束以后，美国依然是主要的军事扩张国家。

表10-1显示了全球军费支出情况，从该表可以发现另一个引人深思的事实。即这20年来，非洲、亚洲、拉美以及中东等发展中国家的军费开支增加远远超过了0.5倍的世界平均水平。

进入21世纪以来，苏联作为假想敌已经解体，但美国军费支出仍在不断增加，其背后有以下两个原因。

第一，全球化的深化发展和跨国公司在全球范围内的活动，进一步刺激了美国作为世界警察的使命感。但美国已经无法独自胜任监督或管理世界和平的任务，因此拉上盟国，以集体自卫的形式构建战争准备体系。

表 10-1　全球军费支出

（单位：10亿美元，按照2011年固定价格）

	1993年	2000	2005	2012	2012/1993
世界	1 168	1 120	1 420	1 733	1.48
北美	482	410	598	691	1.43
非洲	17	19	24	38	2.23
拉丁美洲	37	48	54	75	2.02
亚洲	170	202	260	382	2.24
中东	67	80	98	128	1.91
欧洲	396	360	387	419	1.06
西欧	309	303	308	296	0.95
东欧*	86	57	79	122	1.42

数据来源：*SIPRI Yearbook: Armaments, Disarmament and International Security 2013*:Table 3.1 及 SIPRI database http://milexdata.sipri.org/files/?file=SIPRI+milex+data+1988-2012+v2.xlsx.
注：* 东欧包括俄罗斯。

第二，2001年发生"9·11事件"之后，反恐战争成为安全战略的重中之重。美国发动阿富汗战争、伊拉克战争虽然以推翻塔利班政权和萨达姆政权为目的，但实际上都是反恐战争的一环。与战争有关的经济及财政救援使美国的军费开支和财政赤字都大幅增加。美国的贫铀弹、爱国者防空导弹、钻地弹、使用GPS的电子定位系统以及以此为基础的无人战斗机都借此机会得到了开发和应用。

美国的武器开发一方面源于军工复合体的利益，另一方面也由于美国士兵在战争中伤亡会导致巨大的费用支出和舆论批判，所以美国努力使用无人驾驶飞机等机器人、IT武器实现无人化战争，或者将部分军事业务（政要警卫、俘虏审讯、物资运输、无人操作系统的应用、替代正规军队等）外包给民营军事公司。①这些都在反恐战争的旗号之下才得以开展。在努力实现武器开发现代化方面，俄罗斯等国也同样不甘落后，将全球武器市场纳入视野，开展无人机开发和旧型武器改造。

军工复合体（Military Industry Complex）

1961年，军人出身的美国总统艾森豪威尔在卸任之际的告别演讲中说了这样一段话："美国被迫创建了大批永久的军事工业。现在庞大的军事组织和巨大的军火工业的结合是美国所面临的一个新现象。其经济方面的、政治方面的，及军事方面的整体影响可以在每个城市、每个州的议事机构及联邦政府感受到。我们（中略）必须制止军工复合体获得不当影响力。"一直以来，人们都认为国家是因

---

① P.W.Singer:*Corporate Warriors*,Cornell University Press,2007.

为其他国家的敌视而扩军备战。但军工复合体问题的提出告诉人们，军事努力也有可能根植于国内的社会经济结构，这促使人们从一个新的角度去思考战争与和平的问题。

无人驾驶飞机已经与无人驾驶水面及潜水艇、无人驾驶车辆一样在现实中得到应用。电子机器和电子诱导装置的发展为此提供了支持。战争的无人化、机器人化、商业化显示了军工复合体现代化发展的一个侧面。在民生方面，无人机被应用于播撒农药、应对灾害、勘测宇宙和深海资源（较难与军事用途区分）等领域。在军事方面，20世纪70年代以来，无人机一直被用于对其他国家进行航空拍摄的侦查和探测作业，但自阿富汗战争和伊拉克战争以来，无人机也开始用于进攻作战。无人机作战分为机器人自动操作和远程电子控制两种类型，与有人操纵的战斗机相比，能够以较低成本对特定目标进行高效进攻，但也屡次出现误炸或者过度进攻杀伤目标以外人群的情况。

战争的机器人化引发了两方面问题。第一是从国际人道法来看，它是否会减少人们从事杀戮行为的障碍，这考验着我们人类的道德观。人们担忧这会不会使发起战争变得更为容易。2013年11月，联合国《特定常规武器禁止和限制使用条约》（CCW）签约国会议在日内瓦召开，讨论对机器人武器的限制问题。

第二个问题是，与电子战争系统相关的全球监视系统的开发导致在国内进行监视及窃听成为常态。澳大利亚撰稿人朱利安·阿桑奇创立的维基解密和美国CIA前工作人员爱德华·斯诺登公开了监视及窃听系统中的部分内容，美国政府为此要求同盟国加强保密工作。2013年12月日本国会紧急通过的《特定秘密保护法》就是其结果之一。

表 10-2　全球各主要军费支出国家

(2013年)

	（10亿美元*）	（%）
1 美国	685	39
2 中国	[166]	9.5
3 俄罗斯	[91]	5.2
4 英国	61	3.5
5 日本	59	3.4
5 法国	59	3.4
7 沙特阿拉伯	57	3.2
8 印度	46	2.6
8 德国	46	2.6
10 意大利	34	1.9
11 巴西	33	1.9
12 韩国	32	1.8
13 澳大利亚	26	1.5
14 加拿大	23	1.3
15 以色列	15	0.9
合计	1 436	82
全球总计	1 756	100

数据来源：*SIPRI Yearbook: Armaments, Disarmament and International Security 2013:* Table 3.3

注：* 为现值美元。

　　[ ] 为推测数值。

　　2002年伊朗的军费支出为180亿美元，后来由于核武器开发很可能已有很大增加，但未获得相关数据。

　　表10-2显示了全球15个主要军费支出国家的情况，美国以6 850亿美元遥遥领先，坚决捍卫其世界警察地位。近些年来，中国为了发展现代化军备，军费支出也以两位数的速度逐年增加，于2013年超过俄罗斯，以1 660亿美元成为世界第二军费支出大国。日本自诩奉行和平宪法，军费开支却超过拥有核武器的印度，与法国并列，以590亿美元名列第五。日本的高军费支出主要是由于不断从美国购买过时的旧式武器来更新军备，以及自卫队维持成本较高的原因。

　　这15个国家当中，如果算上以色列，有6个属于发展中国家，今后发展中国家的军事化预计还会进一步发展。这是因为，一方面发达国家在开发新式武器的过程中不断把淘汰的旧式武器抛售给发展中国家；另一方面，发展中国家追赶发达国家的过程中，领海或领土等与资源相关的冲突时有发生。依靠一个国家的力量很难控制冲突频发，因此面临战争，联合国的维和部队或者非洲联盟（AU）下属的区域性多国部队会在集体安全保障政策中发挥作用。2003年全球多国部队人数约为10万人，2010—2011年多国部队人数则达到25万人，增加了1.5倍。①

斯德哥尔摩和平研究所（SIPRI）长期关注全球的军事和冲突状况，该研究所将全球范围内的军事冲突分为以下三种类型：①国家间冲突；②非国家主体冲突；③单方面暴力。

关于这三种类型需要做一些说明。①国家间冲突既指政府之间的冲突，也包括政府与民族主义团体或基地组织等政治集团的军事冲突。比如阿尔及利亚和毛里塔尼亚政府军与基地组织、埃塞俄比亚政府与欧加登民族解放阵线等民族独立运动、菲律宾政府与莫洛民族解放阵线、英国政府与北爱尔兰共和军、北约（NATO）与利比亚政府、缅甸中央政府与地方少数民族政权等的冲突都属于这一类型。其中也包括类似利比亚内战的情况，即最初是卡扎菲政权镇压推进民主化运动的国民议会，但当国民议会掌握权力以后便作为国家的代言人，与支持卡扎菲的各部落展开战斗。

②非国家主体冲突的主要事例有尼日利亚、苏丹等国发生的各部族之间冲突、墨西哥国内毒品黑帮之间的武力冲突、南亚各民族之间的斗争、中东各宗教派别之间的武力对抗（在埃及是科普特教徒与伊斯兰宗教组织之间、在黎巴嫩和伊拉

---

① *SIPRI Yearbook 2013.*

克主要是穆斯林什叶派与逊尼派之间、在叙利亚是逊尼派与支持阿萨德总统的阿拉维教派之间的冲突)等。

③单方面暴力指政府或者非政府集团对公民或公民组织单方面行使军事暴力,非洲国家在为了争夺政权或者围绕资源利益而展开军事战斗的过程中,常有对公民施加暴力的情况发生。缅甸、阿富汗、叙利亚、也门等国也由于政府或军事及宗教集团镇压少数族群或反对派而产生大量难民。其中也包括类似阿富汗和巴基斯坦的塔利班集团暴力镇压女性社会发言的行为。

根据图10-1所示斯德哥尔摩和平研究所年度报告,进入21世纪以来,每种类型的军事冲突每年都会发生30~40起左右,只有③单方面暴力从2002年的47起减少至2011年的23起。单方面暴力导致的死亡人数有多有少,少则几十人,多则上千人,产生的难民则多达死亡人数的几倍或几十倍。单方面暴力的减少得益国际社会的积极干预,这也从另一个方面表明,国际社会对有政府参与的军事冲突则较难发挥作用。

图 10-1 全球军事冲突次数的变化

(2002—2011年)

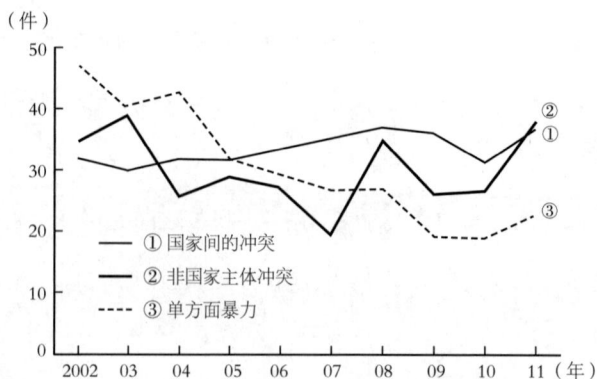

数据来源:同表10-1,Figure 1.3.

　　军事冲突，特别是外部力量介入的军事冲突，常与打击恐怖主义（比如美国布什政权介入阿富汗和伊拉克）有关，接下来就对恐怖主义加以介绍。

恐怖主义为何打击不尽？

　　如今，打击恐怖主义已经成为全球军事化发展最堂而皇之的理由，恐怖主义到底是什么？本书第 1 章介绍了全球化背景下恐怖主义的发展，现在再对恐怖主义的背景、内容等加以详细探讨。

　　人们时常说到"恐怖主义"，但其实这个名词很难找到国际通用的定义。

　　恐怖主义（terrorism）的词源是拉丁语 terre ō（恐惧），始于法国大革命时期雅各宾派掌握政权之后镇压反对派，将反对派领袖陆续送上断头台的恐怖政治。恐怖主义进入国际政治舞台是在 20 世纪 90 年代，与全球化的进展密切相关。

　　1994 年，联合国讨论了 20 世纪 80 年代以来频繁发生的劫机或绑架人质事件、街头爆炸事件等的解决对策，并通过《消除国际恐怖主义措施宣言》。此后，联合国又数次做出谴责恐怖主义的决议，这些决议指出，恐怖主义是"为某种特殊的政治目的而对公众、群体乃至个人实施的旨在引起恐慌的犯罪行为。这些行为无论基于何种政治上的、哲学上的、思想信条上的、种族的、民族的或者宗教上的理由，在任何情况下都不能得以正当化"。①

　　《美国法典》对恐怖主义做了如下定义："某社会集团（包括国内或国际）或非法活动家出于政治上的动机，以对社会舆论造成重大影响为目的，对非战斗人

---

① 联合国第 49 次大会决议 A/Res/49/60.

员实施的暴力行为"。美国国务院每年都会根据这个法律提交关于国际恐怖主义的报告，该报告将恐怖主义定义为"以政府、公民为对象，通过对其进行威胁或强制，为了实现其政治上的或社会上的目的，对人或财产非法施加武力或暴力"。根据2012年度报告，恐怖袭击的主要受害国有巴基斯坦、伊拉克、阿富汗、印度、尼日利亚等国，这些国家在2011年分别有数千人因恐怖袭击而死亡或受伤。[①]

日本的《特定秘密保护法》沿袭了美国的表述方法，将恐怖主义定义为"将某种政治上的或其他方面的主张，强加给其他国家或个人，以造成社会担忧或恐慌为目的，伤害平民或损害重要设施或其他财物的行为"。

综合以上几个定义，恐怖主义是某些社会集团"基于特定的政治目的，以影响社会舆论为目的实施的随机暴力行为"。但从这个定义可以发现，美国和日本对恐怖主义的定义都忽略了国家恐怖主义的要素，这是联合国在很早之前就提醒国际社会注意的。联合国在1987年的《日内瓦宣言》中，谴责黎巴嫩和库尔德区域发生的镇压少数派行为，将其称为国家恐怖主义。《日内瓦宣言》还明确指出，南非以及北爱尔兰等地区的民族解放运动不属于恐怖主义。

国家恐怖主义的事例还包括西班牙和德国的法西斯势力为了镇压共和派，通过国家机构实施暴力，镇压言论自由。

第二次世界大战结束后，南非政府出于种族歧视而进行的强权镇压、以色列政府对巴勒斯坦人的土地掠夺、美军在越南南部大规模杀戮平民的行为等都是国家恐怖主义的实例。图10-1所示的国家间冲突中也有很多情况含有国家恐怖主义因素。2013年的叙利亚内战中，政府军和民兵在自由叙利亚军控制地区使用

---

① US, Department of States, *Country Reports on Terrorism 2012*, Table 2.

化学武器或进行大面积轰炸，可见恐怖主义已经内化在现代战争之中。

全球化、军事冲突频发和恐怖主义的兴起是密切相关的。因此，普通市民一方面可以要求政府加入《防止及惩治灭绝种族公约》（日本目前尚未加入）等国际公约，敦促政府实施联合国的相关人权公约、禁止核武器公约，并监督其实施情况，另一方面也可以从身边的小事做起，消除贫困和歧视、偏见、暴力文化等恐怖主义的温床。恐怖主义与我们的日常生活息息相关，甚至可以说它直接来源于我们的生活方式。

市民社会能做些什么？

本书序章介绍了市场失灵和政府失灵在全球范围内不断扩大的现状，近些年来，人们越来越多地关注到市民社会在世界新秩序的形成过程中所发挥的重要作用。

那么市民社会是什么呢？跟资本主义、民主主义等概念一样，市民社会也具有多种含义。第一，从字面意思来看，市民社会意味着居住在都市的人口的集合。它始于古代的希腊和罗马，市民（citizen）指城市里的居民。今天，城市化在全球范围内得到发展，市民数量与日俱增，目前已经成为一股重要的政治力量。日本的城市人口在第二次世界大战结束时只占总人口的一半左右，但在其后的半个多世纪期间，已经增至总人口的80%。在全国范围内属于大多数的保守政党最初都是大城市里的少数派，直到20世纪90年代才进入联合政权时代，这也反映了城市居民的多样化价值观。

第二，市民也指文人（civilians），与军人（military）相对，指面对冲突不依靠武力或暴力，而是基于通用的规则和法律通过对话来解决的人们。第二次世界大战以后，国际组织、国际条约如雨后春笋般迅速发展，也反映出了文人势力的增加。

图10-2显示了1970—2011年期间国际政府间组织（IGO）和国际非政府组织（INGO）的数量变化。国际政府间组织在这41年内从242个变为7 608个，增加了30多倍；国际非政府组织从3 379个变为56 834个，增加了约16倍。加入国际政府间组织的国家和加入国际非政府组织的各国NGO数量也都随之大幅增加。可见越来越多的机构在寻求通过对话和协商来解决国际问题。

文人指以文明行为处事的人。文明（civilization）的发展也是通过法律、民主或者对话而非武力解决问题的思维方式和行为方式得以普及的过程。从这个意义来看，市民社会就是依靠民主主义和法律进行统治，并且重视市民之间的对话的社会。

图 10-2　国际政府间组织（IGO）和国际非政府组织（INGO）的数量变化
（1970—2011年）

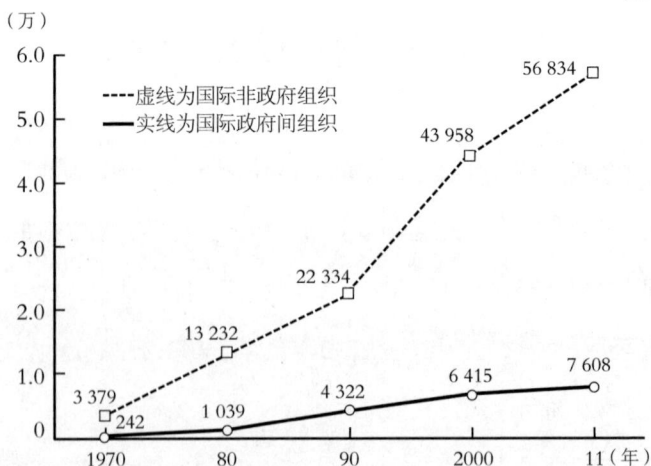

数据来源：本图根据Union of International Associations, *Yearbook of International Organizations, Ed. 2003; 2012-2013, Vol.5*, Figure 2.1, 2.9制作。

第三，马克思主义认为市民意味着资产阶级，即居住在城市，受领主权力保护，从事营利活动的人们。资产阶级积累资本的活动催生了市民革命和资本主义社会的到来。因此，市民社会也是资产阶级自由从事营利活动，发展市场经济的母体。

第四，市民必须是社会的主权拥有者。法国大革命时期公布的《法国人权宣言》全称为《人权与公民权宣言》，这里的公民（市民）就是新诞生的政治社会的主权拥有者，也是通过社会契约将其主权委任给施政者的主体。因此，如果执政者违逆公民意愿而实行独裁统治，公民拥有罢免施政者的权利。

近些年来在国际社会频繁登场的市民社会是指，作为参与者，与政府、市场（企业）共同促进经济社会发展的第三个动因。政府为了权力、保护或服务的目的发挥作用，企业出于营利动机发挥作用，相比之下，市民社会的特征是出于非营利及社会联动动机而发挥作用。

市民社会一词通常是按照第四个定义所述的，作为社会主权拥有者的集合来使用的，但其中或多或少地也会包含第一至第三个定义。因此必须认识到，市民社会并非万能，也随时蕴含着"市民社会失灵"的可能性。作为非政府行为主体，市民社会中也会包含国家中未必包括的地下经济、黑帮和流氓等。

除了营利原理或者对权力的追求之外，社会还需要通过人与人之间的沟通和合作才得以形成，市民社会正是出于这个观点，才能够成为纠正政府失灵和企业失败的主体。

首先，在政府或政府机构忘记了法律和民主主义的原点，只为了某些利害关系而行动时，市民社会能够对其进行监督，以言论或抗议的形式，把问题揭示在世人和舆论面前。当世界贸易组织（WTO）只顾促进贸易自由化发展，无视由此产生的南北差距问题、债务危机以及环境破坏等问题时，从世界各地汇集到一起的市民团体就可以通过抗议提醒人们加以反思。

有些市民团体的活动取得了显著成效。比如国际非政府组织福音2000（Jubilee 2000）努力强调减免债务和对国际投机征收国际团结税的必要性，促使八国集团免除了发展中国家的部分债务，同时也为越来越多的国家和地区征收国际团结税（第3章）提供了契机。

市民社会在缩减军备和环境保护等领域的活动也卓见成效。1953年美国在比基尼环礁进行的氢弹试验引发了日本全国范围内的签名运动，引起世界舆论关注，并在10年之后取得成果，即1963年签订《部分禁止核试验条约》，成为禁止在地面、大气层、外层空间和水下进行核试验的原动力。还有20世纪80年代中期，美国试图在欧洲部署中程核力量（INF），引发了以妇女为主的了大规模抗议活动，成为1987年美苏两国签署《中程核力量消除条约》，销毁中短程弹道导弹和巡航导弹的契机。

此外，从20世纪90年代到21世纪前10年期间，在联合国的三个最重要军控条约——《禁止化学武器公约》（1993年）、《禁止杀伤人员地雷公约》（1997年）、《国际禁用集束炸弹公约》（2010年）的签署过程中，NGO都起到了重要作用。由于对《禁止杀伤人员地雷公约》的缔结做出了突出贡献，国际禁雷运动组织（ICBL）及其领导人乔迪·威廉姆斯被授予1997年诺贝尔和平奖。

在环保领域，联合国1972年在斯德哥尔摩召开联合国人类环境会议以来，NGO也组织环境论坛，并对政府提出意见和建议。1986年，日本首个国际商品协定组织国际热带木材组织（ITTO）在横滨成立，其设立有赖于热带雨林行动网络等为保护日本和亚洲的热带雨林而开展的积极活动。NGO在1992年里约热内卢地球峰会以及2002年约翰内斯堡的可持续发展峰会上都取得了令人瞩目的成绩。

在这些成绩的基础之上，2003年第三次世界水资源论坛在日本的京都、滋贺、大阪召开。在国际生物多样性年的2010年，生物多样性公约缔约国第十次会议（COP10）在名古屋召开，通过《名古屋议定书》，确定了关于生物多样性的保护、恢复、使用、获取和利润分配等的国际框架，并通过《爱知目标》，制定了面向2050年目标的行动计划（第7章）。

1995年联合国《世界社会发展峰会宣言》指出，与政府、企业一样，市民社会已经成为形成联合国千年目标及后千年目标等解决全球性问题和实现可持续发展的政策环境不可或缺的参与者。

市民社会与民间企业的协作

以上均为市民社会在与政府有关的国际及全球问题上做出积极发言的事例，另一方面，市民社会在与民间企业相关的领域也发挥了重要作用，主要体现在以下几个方面：

第一，在民间企业无法彻底解决就业问题的当前，地方自治体与非营利组织（NPO）联合，由NPO募集资金或者受国家委托，通过创业解决就业问题。他们创立的企业被称为社区商业或社会性企业等，可以采用多种形式，在欧美国家也仍处在摸索阶段。日本也有各种社区商业，比如大分县由布院町的电影节、群马县农业协会创办的以药草、香薰、中药为主要内容的"药王园"主题公园等。

2011年日本"3·11大地震"之后，各受灾地区成立的临时商业街也是社区商业的一个例子。再如还有岩手县重茂渔业协会的例子，800多艘渔船在海啸中毁坏殆尽之后，渔民们集资购买渔船共同使用，通过捕捞、加工水产品并创立流通网络的第六产业模式来推进业务发展。各地还有很多工会组织海藻养殖及加工的事例。家庭主妇们也在各地创办了水产品加工、手工艺品制作或午餐配送等集体经济。NPO对这些社区型企业组织予以了大力支持。在城市地区，例如横滨生活俱乐部的家庭主妇们组织起为老年人提供服务的看护小组，或者经营午餐配送等业务。生活俱乐部成员们还与绿色生协（Green COOP）和流浪者援助网络联手成立了共生区域创造财团，支援灾区的社区事业。

此外，以村镇为单位的社会性企业还包括20世纪80年代以后，各地开展的"一村一品"运动。这项运动以开发当地特色产品闻名，近年来已经传播到了中国、泰国和老挝等国家。

第二，市民社会唤醒舆论关注环境保护和人权等问题，民间企业也随之更加重视环境和人权，也就是企业的社会责任（CSR，第3章）问题。作为企业积极履行社会责任的例子，比如在东日本大地震之际，就有IT企业与NPO合作，帮助灾区中小企业将商品集中起来，在网上开办了"复兴商场"。

在发达国家，已经出现了对企业社会责任投资（SRI）予以评级的基金，投资者们可以根据该企业的社会责任评级来决定是够投资给这家企业。另外，越来越多的企业开始关注环境问题，他们通过国际环境管理标准ISO14001认证，公布环境报告，宣传绿色环保的企业形象。也有的企业作为家庭友好型企业，关注性别差异问题，在企业内部设立托儿所，鼓励男性职工休产假等。

1999年，当时的联合国秘书长科菲·安南提出全球契约（United Nations

Global Compact），倡议公司在人权、劳工标准、环境等方面遵守国际规则。从2000—2015年，已有7 000多家民间企业和超过3 000家公私团体加入该契约，可以说是世界水准的CSR。

关于第二联合国的设想

为纠正全球化带来的各类不均衡现象，市民社会通过草根阶层的活动，一方面对政府和国际组织，另一方面对民间企业都提出各种建议和意见。随着市民社会在联合国等国际组织中发言权的增大，最近作为联合国改革的一环，也有意见主张设立如图10-3及说明所示的第二联合国，以便民间企业、市民社会、媒体及各国议会代表聚在一起，将世界范围的舆论反映给联合国等国际政府间组织。

市民社会的实体包括前文提到的NGO和NPO等。经济团体、劳动工会、合作工会、共济工会、市民团体、行业团体等都不直接从事营利活动，从这个意义上构成了市民社会的主力军。此外，言论机构、媒体、大学及科研机构，或者支援市民活动的财团也是市民社会的重要组成部分。

日本于1998年通过了《特定非营利活动促进法》（NPO法），之后的15年间约有5万个NPO法人根据这项法律登记认证。NPO是指按照法律规定，从事社会福利、文化教育、美化家园、环境保护等活动的非营利性团体。NGO作为一般名词指从事国际合作的团体，不同国家对其的称谓和定义不尽相同，前述国际非政府组织（INGO）的加盟团体大多是市民团体。此外，2013年日本还有约27 000个受财务省管辖，享受免税待遇的特定公益促进法人。 2000年美国的NPO和社区组织（Community based Organization, CBO）数量为130万以上。[①]十几年前，大学生毕业后要么考公务员要么进入企业，如今还有很多年轻人会考虑到NGO、NPO工作。有报告指出，市民社会领域为美国劳动力市场提供了约一成的工作机会。[②]笔者推测日本的这一数据约为7%~8%。[③]日本和美国的政府部门的就业均占总数的10%左右（日本的民间企业就业比例为70%，个体营业就业约占16%），因此可以想见在不远的将来，日本的市民社会也将提供与美国相近比例的就业机会。

图10-3　全球化视角下国际组织、政府、跨国公司、市民社会的关系（示意图）

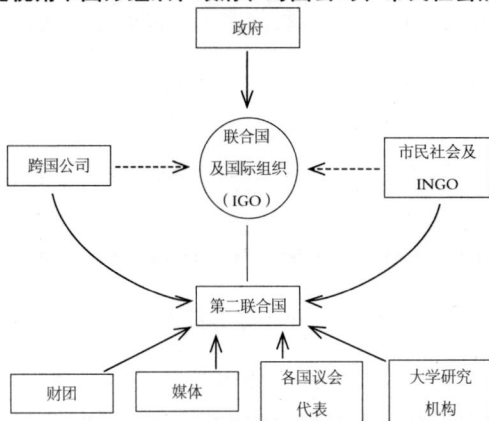

说明：联合国及国际组织由各国政府组成。但在全球化背景下，市民社会也会在各个领域向联合国及各国际组织提出意见建议。越来越多的跨国公司也与联合国及各国际组织达成全球契约。每年1月，各国政府、跨国公司、联合国及各国际组织的代表在瑞士的达沃斯论坛上汇聚一堂，交流和沟通意见。2001年起，市民社会的代表们召集了与之相对的世界社会论坛，从市民社会的视角对全球化过程中的各类问题提出意见。也有意见认为应该将上述力量综合起来，设立第二联合国，邀请媒体、各国议会或财团及大学研究机构等的代表参加，通过向联合国及各国际组织提出全球范围内的意见和建议，为联合国带来新的活力。

---

① Johns Hopkins Comparative Nonprofit Sector Project, April 2003.
②《海外劳働情报》，2004年8月号。
③ 西川润《人间のための经济学》岩波书店、2000年。

图 10-4　政府、企业（市场）与市民社会的关系

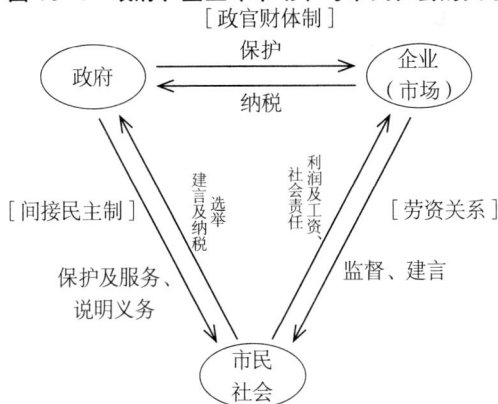

[政官财体制]

政府　→保护→　企业（市场）

政府　←纳税←　企业（市场）

[间接民主制]　建言及纳税　选举

[劳资关系]　利润及工资、社会责任

保护及服务、说明义务　　监督、建言

市民社会

此外，市民社会的实力不能单纯依靠生产或者就业来衡量。非政府组织（NPO）一般都拥有大量志愿者、会员及支持者。日本平均每个市民团体大约有十几名志愿者，会员数量在数百名左右。[①]应该注意到，市民社会主要通过针对政府政策或企业策略提供建议来发挥作用，其发言很容易传达到在总人口中占很大比例的人群。政府、企业、市民社会之间的关系如图 10-4 所示。

出于以下原因，市民社会在社会、环境、福利以及军控等领域的作用越来越多地受到人们关注。第一，作为自由公民的集合，与基于既得利益而行动的政府相比，市民社会可以从更广阔的视角看待全球性问题的发展。这与全球范围内高等教育的普及、高学历化及信息化发展密切相关。此外，市民社会中的每个成员都拥有各自的职业背景，因而比政府更能作为专业人士就一些具体问题提出准确的判断和建议。

第二，市民社会不受营利性活动的束缚，因此更容易发现企业或市场经济给

---

① 藤井辰纪 "NPO法人の存在意義と経営課題" 《日本政策金融公庫論集》2012 年 8 月号。

社会及环境带来的弊端，敦促企业履行企业社会责任（CSR）。如果企业为了追求眼前利益而对其忠告无动于衷，市民社会还可以通过向全社会披露的形式制约企业行为。

基于以上两点，面临"政府失灵""市场失灵"时，市民社会能够代表意识全球化（第1章），引导社会舆论对其加以纠正。如图10-4所示，政府、市场及市民社会形成的倒三角形被称为公共空间，即市民社会唤起舆论注意的舞台。市民社会作为公共空间的主导者不断推进社会向着民主化的方向发展。

不过，市民社会也包括一些令人怀疑的组织，步调并非完全一致。日本的很多职业或行业组织也是权力机构的一部分，他们的行为也比较容易受到特定利害关系的影响。在一直被称为"公司社会"的日本，市民社会作为新生力量虽然充满斗志，但在资金实力、专业知识以及最重要的人才方面仍然有待进一步提高。今后，政府应该效仿欧美国家，促进市民社会的发展，为NPO提供免税待遇，采取社会性企业振兴政策等，培养出更多的领导者来担负市民社会的重任。在全球化的影响之下，现在日本企业里正式员工岗位的比例下降，非正式岗位增加，劳动力流动性大幅提高。对市民来说，这也意味着更多选择的自由。当今时代需要我们深入考虑市民社会应该如何发展、如何与时代同步前进。

结 语

新的富足生活需要我们做出选择

世界秩序正面临着近现代以来的又一个新的转型期，这个转型期意味着什么？在各发达国家同时处于转折点的这个时期，战后迅速发展成为OECD成员的日本又有哪些选择？这就是本书所讨论的问题。

　　21世纪以来，金融危机席卷世界经济，以传统的财政金融政策应对危机又导致了多个国家的主权债务危机。双重危机清楚地揭示出，近代以来，特别是第二次世界大战以来不断加速的资本积累体系即将面临重大转型时期。

　　就日本经济经来说，第二次世界大战结束以后，在优先经济增长，人权居于其次的集权体系下，依靠高强度的资本积累赶超发达国家的阶段已经在20世纪80年代就已经结束了。

　　日本经济能够从后发状态实现快速增长，主要原因包括引进和模仿发达国家的先进技术、南方国家提供廉价原料及燃料，以及发达国家旺盛的消费需求，这些都与全球化经济的开放体系直接相关。如今，这些因素对日本来说都已经不复存在，日本即将驶向"没有航海图的世界"。过去促进日本经济增长的要素现在已经转移到了亚洲的新兴经济体。

无论从国际来看，还是从国内来看，第二次世界大战之后的几十年来，推动日本经济发展的资本积蓄万能机制如今显然已经陷入了僵局。

国际方面，20世纪下半叶全球人口从25亿向60亿人增长的转型期里，促进日本和新兴工业化经济体（NIES）实现经济增长的因素在21世纪前半叶全球人口从60亿向100亿人增长的阶段都将不复存在。

其原因如下，第一，经济全球化发展促进发展中国家开始追赶发达国家，发达国家随之进入经济饱和期，发展为稳定状态的经济（stationary economy）；第二，企业跨国化经营和货币经济横行；第三，全球贫富差距增大，出现社会分裂，年轻人、中老年人、女性、外国人等弱势群体被疏离于社会主流之外；第四，环境破坏和生态系统恶化使人们认识到地球的极限。

这些也是需要在全球范围内寻求解决的课题。首先各国当然都应该采取措施，但是仅靠单个国家各自努力却未必能够解决这些问题。也就是说，全球化课题需要通过国际合作来解决。同时，解决这些课题不能像资本积累至上的高速增长时代一样只靠政府、市场及大型企业来主导，还需要市民社会作为第三个参与者与政府和企业进行合作，开拓新的发展途径。这些跨境合作将会抵制经济全球化时代在全球范围内出现的军事化竞争，开拓出一条通往和平世界的道路。本书认为，爱好和平的新参与者的出现，必将带动经济社会治理模式走向民主，推动公共空间进一步扩大，以及市民广泛参加。

关键词 **稳定状态的经济（stationary economy）**

稳定状态的经济不以资本积累及高速增长作为社会经济的目的，而是将经济增长视为社会发展的一环，以符合人口增加幅度的资本积累为前提，更重视社会在质的方面的提高。20世纪90年代以来，日本经济增长速度约为1%～2%，这也可以看作是经济实现稳定状态的一个条件。21世纪以来，日本人口数量进入负增长时期。根据第5章的内容，人口减少绝非值得高兴的好事，但却可以成为一个契机，促使人们转而思考如何提升生活质量。然而，日本的执政者们却仍然固守旧的财政金融政策，一味增发国债，在通往危机的道路上执迷不悟。[①]

国内方面，日本面临的课题包括，使国家主导型独裁发展体制（政官财体制）实现民主，依靠市民社会和新型治理模式构建稳定的经济体系。

2011年"3·11大地震"引起的福岛核泄漏危机标志着日本经济正面临着一个重要的转型期。

20世纪90年代初泡沫经济崩溃以后，日本经济被称为"失去的20年"或者"通缩经济"，然而这个时期1%～2%的经济增长率并不意味着经济萧条。虽然在1997—1998年的亚洲金融危机和2007—2010年的世界金融危机的影响下，日本也曾出现零增长，但这是由于资本主义经济受货币经济左右而造成的危机。

与外部危机相比，日本经济中还存在一些固有问题，比如比其他OECD成员更高的少子老龄化速度、国内资本外流，以及全球化导致的劳动力市场重组，即日本式管理体系的崩溃和劳动力的非正式员工化等，这些才是日本所面临的真正

---

① 橘木俊诏、广井良典《脱"成长"戦略——新しい福祉国家へ》岩波书店，2013年。

危机。其中最严重的危机是，国家主导型经济体制（政官财体制）过去一直推动了日本经济高速成长，但在经济全球化和国民价值观多样化的夹击之下，这种体制现在已经走进了死胡同。从这个角度来看，正如美国政治经济学家苏珊·乔治一语道破的，危机正是下一个时代的大好时机。[1]

　　福岛核电站的核泄漏事故揭示了发展式独裁治理模式寸步难行的困境。日本最早作为美国核电市场的买家开始了对核电的和平使用，不久即被日本政官财体制发展成其扩张权益的一环。他们与电力产业的垄断机制勾结形成权力集团，把核电的安全神话当作护身符，在日本由上至下型支配体系中扮演了重要角色。核电的发展还与日本重建军备、以期将来拥有核力量的安全保障动向同出一辙。核电政策权力集团在经济高速增长时期向人烟稀少的地方大量投入资本，发展核电事业。从这个意义来看，日本政官财体制对能源领域的垄断机制象征着日本中央集权型的资本积累及高速增长机制。

　　福岛核电站发生核泄漏事故之后，全世界以及日本国内都出现了更强烈的去核电化呼声。去核电化象征着发展式独裁治理模式所遇到的危机。此外，它也体现了OECD国家越来越明显的稳定状态的经济和社会发展趋势，即对更健康的生活方式而非对GDP的追求。事实上，以切尔诺贝利核事故及福岛核泄漏事故为契机，已经有很多国家开始将社会经济发展向去核电化、使用天然能源的方向转换。转换方向一方面有助于实现经济的可持续性发展，另一方面也可以减缓人口减少，实现人口与社会的稳定。

---

[1] Susan George: Whose Crisis, Whose Future? Polity Press, 2010.

关键词 良好生活状态（well-being）

一直以来，福利（welfare）都是仰仗政府及大型企业自上而下的"施舍"实现的，但现在这种福利体系已经达到了极限。OECD各国在后经济增长时期需要确立新的社会目标，即从一味追求GDP增长转为重视人的因素，在就业、居住、健康、教育、男女平等、社区发展、环境、生活安全等领域促进居民的参与，建设内涵丰富的宜居型社会。[①]

目前，日本正处于两种路线竞争对立的转型期。

2009年日本政权更替，国民期待看到新的方向，但民主党政权上台后却仍然因袭旧体制政策，任凭各股势力在混沌状态下争权夺势，并未指出明确的新方向。2012年底，以重建政官财体制为己任的安倍政权登上政治舞台。安倍政权采取异次元金融缓和政策和款待四方式的财政政策，政府操控日元贬值和股票升值，实现大企业的出口主导型繁荣，属于典型的涓滴经济学（trickle-down economics，大众依靠强者的繁荣带来些微收益）政策。其负面效应是造成提高消费税、TPP等的经济自由化政策导致就业市场不稳定、地方及第一产业进一步衰退，以及增发国债给下一代国民带来沉重负担等。不仅如此，安倍政权还主导修改日本宪法、重启核电项目、强行通过《特定秘密保护法》以及参拜靖国神社等，试图通过这些方式来煽动民族主义情绪。

安倍政权用经济增长当作迷惑国民的诱饵，宣扬民族主义，重建强权统治体制，但如今实现经济增长的结构性因素已经永远消失，这些做法只会带领日本走

---

① OECD《OECD幸福度白書》明石书店、2012年。

向更严重的危机。实际上，日本加入 TPP、行使集体自卫权以及在冲绳基地问题上向美军让步，这些在表面上接近美国的肤浅做法已经导致了日本与亚洲邻国关系紧张。日本与美国之间的这种协作关系将进一步导致全球范围内的结构失衡。

相比之下，发达国家已经出现越来越强烈的去核电化趋势，经济发展正在向稳定状态转换，探索更好的生活方式，从身边开始实现新的富足生活，这才是日本实现自上而下治理模式的民主化发展，与世界相连的道路。

当前的世界经济处于重大的转型期，日本的变化也与世界处于同一个轨道之上，因此如今的日本面临着另一个出口去追求新的富足生活，必须避免回到曾经走过的旧路上，这就是本书试图阐明的问题。

出版后记

　　全球化推动世界经济实现了飞速发展，也将我们每个人都抛到了汹涌的信息大潮之中。得益于信息技术的发展，普通人也开始能够随时了解到世界各国的最新动态和时局信息。而且，随着信息产业的不断扩张，纷至沓来的信息洪水甚至时常会让我们感到应接不暇，无所适从。

　　美国次贷危机引发全球金融海啸，随后冰岛、迪拜等国相继因主权债务危机陷入"国家破产"的境地，前一波国际经济局势剧变带给我们的冲击和震荡尚且余波未平，新一轮格局变迁又不容分说地涌入了我们的视野。

　　英国公投脱离欧盟，特朗普当选美国总统，法国、德国等发达国家接连遭遇恐怖袭击，美联储宣布持续渐进加息……面对这些错综复杂异、变幻莫测的国际经济情势，我们最迫切需要的可能已经不再是最新的信息，而是能够冷静、客观地分析这些现象背后的本质以及判断下一步变化和趋势的能力。

　　西川润教授的《世界经济入门》就是能够从根本上帮助我们认识世界经济的

本质和趋势的一本书。全书分为三个部分，分别从全球化背景下的世界经济、世界经济的基础以及世界经济的十字路口三个视角出发，详尽介绍了世界经济的基本构成要素、近些年来的发展演变过程，以及目前面临的问题和将来可能出现的趋势。本书不仅有益于人们了解世界经济常识，更能促使我们去思索世界今后的走向和自己能够为此付出的努力。

服务热线：133-6631-2326　188-1142-1266

读者信箱：reader@hinabook.com

后浪出版公司

2017年7月

图书在版编目（CIP）数据

世界经济入门 /（日）西川润著；王广涛译 . -- 南昌：江西人民出版社，2017.10

ISBN 978-7-210-09574-3

Ⅰ.①世… Ⅱ.①西… ②王… Ⅲ.①世界经济Ⅳ.①F11

中国版本图书馆 CIP 数据核字 (2017) 第 164662 号

SHIN,SEKAI KEIZAI NYUMON
By Jun Nishikawa
©2014 by Jun Nishikawa
First published 2014 by Iwanami Shoten, Publishers, Tokyo.
This simplified Chinese edition published 2017
by Gingko(Beijing) Book Co.,Ltd., Beijing
by arrangement with the proprietor c/o Iwanami Shoten, Publishers, Tokyo

版权登记号：14-2017-0367

世界经济入门

著者：[日] 西川润　译者：王广涛
责任编辑：辛康南　特约编辑：郎旭冉　筹划出版：银杏树下
出版统筹：吴兴元　营销推广：ONEBOOK　装帧制造：墨白空间
出版发行：江西人民出版社　印刷：北京京都六环印刷厂
690 毫米 ×960 毫米　1/16　17 印张　字数 205 千字
2017 年 10 月第 1 版　2017 年 10 月第 1 次印刷
ISBN 978-7-210-09574-3
定价：42.00 元

赣版权登字 -01-2017-552